Tienes que mirar

Tienes que mirar

ANNA STAROBINETS

Traducción del ruso a cargo de
Viktoria Lefterova y Enrique Maldonado

IMPEDIMENTA

Título original: *Посмотри на него*

Primera edición en Impedimenta: marzo de 2021
Tercera edición: mayo de 2022

Copyright © Anna Starobinets, 2017
The publication of the book was negotiated through Banke,
Goumen & Smirnova Literary Agency (www.bgs-agency.com)
Copyright de la traducción © Viktoria Lefterova y Enrique Maldonado, 2021
Copyright de la presente edición © Editorial Impedimenta, 2021
Juan Álvarez Mendizábal, 27. 28008 Madrid

http://www.impedimenta.es

Diseño de colección y coordinación editorial: Enrique Redel
Maquetación: Daniel Matías
Corrección: Laura M. Guardiola

Esta obra ha recibido una ayuda a la
edición de la Comunidad de Madrid.

**Comunidad
de Madrid**

ISBN: 978-84-17553-90-6
Depósito Legal: M-269-2021
IBIC: FA

Impresión: Kadmos
P. I. El Tormes. Río Ubierna 12-14. 37003 Salamanca

Impreso en España

Impreso en papel 100% procedente de bosques gestionados de acuerdo con cri-
terios de sostenibilidad.

A mi marido Sasha, que compartió todo conmigo.
A mi hija Sasha, que se convirtió en mi consuelo.
A Natasha, que me condujo a través del infierno.
A mis padres, que nos ayudaron a escapar.
A los médicos del hospital Charité,
que mostraron humanidad.
A todos los amigos que me apoyaron.
A mi hijo sin nombre,
que estuvo conmigo tan poco tiempo.
Y a mi segundo hijo, Lyova, que se quedó conmigo.

Prefacio

Una cosa es inventar historias de miedo y otra muy distinta es convertirse en la protagonista de un cuento de terror. Dudé mucho tiempo si merecía la pena escribir este libro. Es demasiado personal. Demasiado real. No es literatura.

Pero lo único que sé hacer es escribir. No tengo ninguna otra habilidad para cambiar el mundo. Este libro no trata solo de mi pérdida personal. Habla de lo inhumano que es en mi país el sistema al que se ve arrojada una mujer obligada a interrumpir su embarazo por razones médicas. Este libro habla de la humanidad y de la falta de humanidad en general.

No se puede recuperar lo perdido. Aquellos que han perdido su apariencia humana no pueden convertirse de nuevo en personas. Pero el sistema se puede corregir y esa es mi esperanza. Por eso indico los nombres reales de personas e instituciones. Por eso escribo la verdad.

Es posible que mis esperanzas no se hagan realidad. Que quienes toman decisiones y lubrican los engranajes de este sistema nunca abran este libro. Que algunos de aquellos cuyos nombres he mencionado no sientan más que ira. Así sea.

Pero si este libro ayuda a alguien con su dolor, significará que no fue escrito en vano.

Y que, al menos, algún sentido tuvo lo que nos pasó.

I

Malformaciones

—Bueno, ¿es niño o niña? —pregunto al radiólogo.

Ya me ha enseñado el cerebro —«el niño tiene muy buen cerebro»— y el corazón: «aquí todo se desarrolla correctamente». Ya me ha dicho que las medidas se corresponden con las dieciséis semanas de gestación. Me ha hecho la pregunta absurda a la que me he acostumbrado durante este tiempo: «¿A quién tenéis en casa?»; y ya he contestado que en casa tengo una hija de ocho años. De modo que esta vez quisiera que fuera un chico. Y luego le pregunto si es niño o niña, pero por alguna razón el médico aprieta los labios con firmeza. Es como si tuviera en la boca una enorme baya amarga y se estuviera pensando si escupirla o no. Mueve la sonda en silencio por mi abdomen y mira el monitor sin pronunciar palabra. Guarda silencio bastante tiempo y después dice:

—Es niño.

Pero hay algo en su voz que me preocupa. Algo en su tono. Vuelve a apretar los labios. De repente recuerdo el comienzo de *El Vivo,* mi novela de ciencia ficción: «El sensor emitió un pitido y el médico volvió a mirar el resultado, que al parecer era el mismo que antes. "¿Está todo bien? —pregunté, pero no respondió—. ¿Le pasa algo al bebé?"».[1]

Estamos en noviembre de 2012 y ahora soy yo la que está en la consulta de un médico que guarda silencio, el ecógrafo pita y pregunto:

—¿Le pasa algo al bebé?

Se decide por fin a escupir la baya amarga:

—¿Hay alguien en su familia con problemas renales?

—No…

—No me gusta la estructura de los riñones del feto. Es una estructura hiperecogénica.

Por unos segundos siento incluso cierto alivio. Al fin y al cabo, son los riñones. Por supuesto, son importantes, pero al menos no se trata de los pulmones ni del cerebro; el cerebro y el corazón están bien, y los riñones los curaremos de alguna manera, porque en la familia no tenemos enfermedades renales hereditarias. Esto debe de ser buena señal…

—Además, ocupan la mayor parte de la cavidad abdominal del feto —añade—. Son cinco veces más grandes de lo que deberían ser.

1. Starobinets, Anna, *El vivo*, trad. Raquel Marqués García, Nevski Prospects, 2012. *(Nota de los traductores.)*

Puede que una no sepa qué es una estructura hiperecogénica, pero es más que evidente que los riñones no pueden ocupar todo el abdomen. De modo que comprendo, naturalmente, que esto es malo. Muy malo.

—Posiblemente se trate de una enfermedad renal poliquística del feto —me informa—. Límpiese y vístase.

Al parecer es en este momento cuando por primera vez me divido en dos. Una de mis yoes se limpia el gel del vientre con manos temblorosas. La otra vigila tranquila y cuidadosamente a la primera y también al médico, y en general es muy observadora. Por ejemplo, se ha fijado en que ya no se refiere a mi hijo como «niño». Ahora solo lo llama «feto».

—Tiene que hacerse una ecografía con un especialista. —Escribe en un papelito el nombre de la clínica y el apellido del médico—. Preferiblemente con este, está especializado en anomalías en el desarrollo fetal.

Pregunto:

—¿Es muy grave?

Responde, pero no a mi pregunta:

—Yo solo soy radiólogo. No soy ni especialista ni Dios y puedo equivocarme. Vaya al especialista.

Me parece que quiere añadir: «Y rece», pero no vuelve a abrir la boca.

Dicen que la primera fase del duelo es la negación. Al recibir la terrible noticia, una es incapaz de creérsela de inmediato. Está convencida de que es un error o de que la engañan deliberadamente, de que el médico es un charlatán, que la manda a otro médico amigo suyo para sacarle los cuartos... Sí, he visto cosas así en los foros de internet de patologías del embarazo, e incluso mi madre, cuando le cuente los resultados de la ecografía, pronto pasará por esta etapa. Es un mecanismo de defensa normal, pero, por alguna razón, en mi caso no funciona. Incluso antes de ponerme a buscar en internet información sobre la enfermedad poliquística, antes de oír el diagnóstico, en ese momento en el que el médico miraba el monitor y callaba, comprendí que todo iba muy mal. Realmente mal.

Pago la ecografía y salgo a la húmeda oscuridad de noviembre. Recorro las calles y luego me doy cuenta de que había ido en coche, pero no recuerdo dónde lo he dejado. Doy vueltas veinte minutos alrededor del centro de obstetricia y ginecología de la calle Bolshaya Pirogovka sin saber qué es exactamente lo que estoy buscando. Me cuesta trabajo andar. Es como si me moviera dentro de una densa nube negra. Finalmente doy con el coche, me subo y conecto el móvil a internet. Tecleo: «enfermedad renal poliquística fetal», y no paro de abrir enlaces. Me entero de que la enfermedad poliquística puede ser de dos tipos: dominante (adultos) y recesiva (infantil). Que la dominante es la que tienen también otros familiares y con la que habitualmente se puede vivir. En mi caso, sin embargo, se trata de la recesiva. Si es que ese es mi caso. En las fotos aparecen bebés deformados, con las caras aplanadas y enormes barrigas hinchadas. Bebés muertos.

Los que tienen la enfermedad poliquística recesiva no sobreviven.

La densa nube negra que me rodea me llena de repente la boca y la garganta. Empieza a faltarme el aire. No puedo respirar. Mientras, la otra yo, que aguanta fría y tranquila, repara en que no solo estoy sentada en el coche mirando la pantalla del teléfono y jadeando, sino que también voy conduciendo por la calle del Décimo Aniversario de Octubre y todos me pitan porque voy en sentido contrario.

De milagro consigo llegar a casa. Me estoy ahogando y, cuando mi hija Sasha —la llamamos Tejoncita— sale corriendo a mi encuentro, feliz y preguntando: «¿Es niño o niña?», y mi marido, que también se llama Sasha, emerge de la cocina con las manos mojadas y se interesa despreocupadamente: «¿Todo bien?», yo no puedo hablar, solo aspirar a bocanadas. Pero no hay aire, la nube negra no deja que llegue a mis pulmones.

—¿Qué pasa con el niño? —Sasha padre me agarra por los hombros—. ¿Qué pasa con nuestro niño?

La Tejoncita nos mira asustada y está a punto de romper a llorar. Mi yo observadora y tranquila también nos mira, pero con un matiz de reproche. No le gusta que asustemos a su hija. No le gusta que sea incapaz de contenerme. Sin embargo, le divierte que todo esto parezca una escena de telenovela.

—No puedo respirar —sollozo, en perfecta consonancia con el género dramático.

Mi marido me trae una copita de whisky.

—Bébetela de un trago. —Mirando mi vientre, que hace poco ha empezado a sobresalir, añade—: Al niño no le pasará nada por una dosis así. Bebe.

Me trago la copita y es cierto que me relajo. Respiro, miro a la Tejoncita y al Tejón padre. Esta misma mañana hemos estado comentando qué le correspondería al niño. Sasha temía que el niño usurpara su puesto en la familia de tejones, pero yo le dije que ella seguiría siendo Tejoncita y a él lo llamaríamos Minitejón y así nadie se ofendería... Y ahora les hablo a los dos, a mis tejones:

—Es niño. Pero no vivirá. Probablemente.

Mi marido y yo pasamos el resto de la tarde en internet, leyendo sobre la enfermedad poliquística. De vez en cuando lloro y él me dice que todavía no es definitivo, que hay que esperar a la ecografía del especialista, que es pronto para que cunda el pánico. La Tejoncita me hace una tarjeta en la que hay una flor dibujada y donde, con una caligrafía torpe, por la que la regañan en el cole, se lee: «Todo irá bien, mamá». También me trae todos sus juguetes, uno detrás de otro, y me explica que serán mis talismanes, que me protegerán.

Esa misma tarde, por primera vez en dieciséis semanas, el bebé que vive dentro de mí empieza a moverse. Son movimientos suaves y deslizantes, como si me estuviera acariciando. Como si nos hubiéramos reunido todos, toda la familia de tejones; simplemente sucede que la Tejoncita y el Gran Tejón están fuera, y el Minitejón, dentro. Como si todo fuera a ir bien. Como en las películas.

2

ESOS NO SOBREVIVEN

Por la mañana la Tejoncita se levanta con dolor de garganta, de modo que el Gran Tejón se queda con ella. Voy sola al Centro de Obstetricia, Ginecología y Perinatología V. I. Kulákov, en la calle Oparin. La noche anterior busqué en internet al doctor Voyevodin —aquel que tenía apuntado en el papelito— y Google me mostró que era realmente uno de los mejores especialistas del país. Desde la recepción me informan por teléfono de que Voyevodin no me recibirá, que tiene llena la consulta las próximas tres semanas. Pero tienen otros especialistas que son expertos. También es complicado acceder a ellos de forma tan inmediata, pero se podría intentar algo, véngase por aquí.

Recojo dos de mis talismanes: un perrito y una suricata de peluche, y voy hacia allí. No puedo esperar tres semanas. En la clínica de obstetricia hay una cantidad increíble de mujeres acompañadas por apenas un puñado de hombres. Sentadas en la sala de espera, aguardan su turno. Casi todas tienen barrigas descomunales. Como mínimo la mitad de ellas son del tipo «futura mami». Mientras busco con la mirada el mostrador de la recepción, una de las futuras mamis informa a mi lado a otra con voz caprichosa: «Yo no tomo hormonas, solo vitaminas. Lo más importante es que el enano de mi barriguita se sienta a gusto». Las futuras mamis (es como se refieren a sí mismas en los foros femeninos) se distinguen de las mujeres que están simplemente embarazadas por su elevada sentimentalidad, su tendencia a comunicarse en lenguaje infantil y, a veces, por llevar monos rosas de premamá. En sus barriguitas habitan enanitos y nenes. Y están muy a gusto allí... El mío no. El mío debe de sentirse muy incómodo. Porque dudo que alguien pueda estar cómodo con los riñones cinco veces más grandes de lo normal. Yo tampoco estoy cómoda. En esta sala de espera parecida a la de una estación de tren. Entre estas mujeres con cara de que de un momento a otro vaya a venir a por ellas un tren de juguete para llevarlas a un futuro maravilloso. A las papillas, a las cintas rosas y celestes, a la ropa de bebé y a los pañales. Y a los enanos con riñones normales.

Yo no subiré a ese tren.

¿Es esto envidia? No voy a mentir: esto es envidia.

Guardo la cola en la recepción y digo que necesito una prueba de ultrasonido con un especialista.

—Pero ¿está usted embarazada? —pregunta asombrada la mujer del otro lado del mostrador—. ¿De cuántos meses?

Estoy de cuatro meses, pero mi barriga apenas asoma. Como si no estuviera embarazada en absoluto. Es incluso, en cierto modo, humillante.

—Dieciséis semanas —respondo—. Enfermedad renal poliquística fetal. Por favor.

La mujer, repentinamente inundada de compasión, se va a averiguar si alguno de los superespecialistas está dispuesto a recibirme hoy sin cita previa.

Una futura mami en chándal rosa da un paso atrás, como si tuviera miedo de contagiarse de la desgracia. Toda la cola mira con expresión sombría, no exactamente a mí, sino al espacio vacío a mi lado.

La mujer regresa al mostrador:

—El profesor Demídov ha accedido a verla. Es una eminencia. ¿La apuntamos? La ecografía cuesta tres mil rublos.

Me apunto. ¿Qué son tres mil rublos?, estoy dispuesta a pagar incluso más. La ecografía no especializada de ayer en la calle Pirogovka me costó lo mismo. Me siento en la sala de espera y tecleo en el teléfono: «Demídov ecografía feto». La Wikipedia me informa de que Vladímir Nikoláyevich Demídov es «médico ginecobstetra soviético y ruso, perinatólogo. Doctor en medicina. Profesor. Pionero del diagnóstico por ultrasonidos y perinatal en la URSS». Ciertamente es una eminencia.

Siento una oleada de gratitud hacia el anciano profesor que, tan fácilmente, sin mayores preliminares, por pura compasión, ha accedido a verme el mismo día. Eso es un médico con mayúsculas. Escuela soviética.

Todavía queda mucho para mi turno (los números aparecen en una pantalla), de modo que voy a buscar los aseos.

En la planta hay un único aseo, es decir: solo una cabina. Si es usted hombre o, por ejemplo, una mujer que nunca ha estado embarazada, tal vez no sepa que las mujeres embarazadas sienten ganas de orinar con mucha frecuencia y urgencia: en primer lugar, por razones hormonales, y en segundo lugar, porque el útero creciente presiona la vejiga. Por eso esperar una cola de quince personas en el único aseo es bastante angustioso. No escribo todo esto porque no entienda por qué hay solo un aseo (que no lo entiendo), sino por aclarar en qué estado me encuentro cuando puedo finalmente entrar al servicio. Estoy prácticamente agarrando el picaporte cuando una señora de la limpieza con un cubo y una fregona me impide el paso. Me lo impide literalmente: se coloca en el hueco de la puerta y no me deja pasar. Mira abajo, a mis pies, mis botas de invierno, y en su rostro hay odio:

—¿Por qué no llevas calzas?

¿Que por qué no llevo calzas? No lo sé. Ni se me había ocurrido. No había visto que las vendieran.

—No lo sabía. Lo siento.

—Pues ya lo sabes. Baja a la primera planta y ponte unas. Sin calzas no se puede entrar al aseo.

Sé que no llegaré a la primera planta. Que si ahora mismo, en este preciso instante, no entro en la dichosa cabina, simplemente me mearé encima.

—Necesito de verdad entrar al baño —le digo a la señora de la limpieza—. En cuanto termine, bajo a por las calzas.

—No te voy a dejar entrar sin calzas.

Y en ese momento es cuando me convierto en una fiera. Entiendo que la odio. Ella me odia, yo la odio, somos dos hembras agresivas, ya no soy una paciente del centro médico ni ella una empleada; la deshumanización es instantánea. Valoro nuestras fuerzas. Ella es la hembra vieja; yo, la joven. Obviamente, soy más fuerte que ella. Así que me limito a apartarla con las dos manos de la puerta del servicio, corro dentro, echo el pestillo y, por fin, respondo, como dicen, a la llamada de la naturaleza.

—Hija de puta, que te... —Me llega la voz de la mujer de la limpieza al otro lado de la puerta.

Después, de todos modos, bajo a la primera planta y compro las calzas. Y espero a que me llamen. Me llama mi marido y me dice que ha hablado con la enfermera del profesor Voyevodin y que le ha dicho que puedo subir a su despacho, que tal vez me reciba. Pero ya he pagado la ecografía con Demídov y pronto la pantalla anunciará mi turno. De modo que me quedo y espero. El profesor Demídov me recibe al cabo de una hora.

Pasa el sensor por mi barriga y murmura:

—Bien, los riñones... Sí... Realmente parece que se trata de poliquistosis... Posiblemente poliquistosis bilateral... Bien, el sexo... Es un niño... Presentación cefálica... Quiero ver el cerebro transvaginalmente: desvístase de cintura para abajo...

Me desvisto. Demídov comenta algo en voz baja con su enfermera, me llega un murmullo indistinto: «Por supuesto… ¿Quién no estaría interesado?…». La enfermera sale de la consulta.

El profesor me introduce la sonda vaginal.

Al cabo de un minuto entran en la consulta, acompañados por la enfermera, unas quince personas con batas blancas: estudiantes de Medicina y médicos jóvenes.

Se disponen en fila, pegados a la pared, y me observan en silencio. Y allí sigo yo, tumbada, desnuda. Vuelvo a dividirme en dos. Aquella yo que está al borde de la histeria, aprieta los párpados para no verlos y, al parecer, llora. La otra, observadora y tranquila, piensa en lo peculiar que resulta el hecho de que toda la escena, tanto en lo relativo a las sensaciones como al entorno, parezca un fragmento de una pesadilla. Hay un tipo de pesadilla muy común en la que una, por ejemplo, sale a la pizarra sin bragas.

Después el profesor extrae la sonda y vuelve a pasarla por el abdomen: se trata de mostrar a los estudiantes aquello que se habían perdido.

—Observen qué cuadro más típico —dice el profesor Demídov—. Aquí están los quistes… ¿Los ven? Aquí están, quistes múltiples… El tamaño de los riñones es cinco veces mayor de lo normal… Vejiga hipoplásica… Miren, qué interesante… Por ahora, la cantidad de líquido amniótico es normal, pero pronto será insuficiente… Con esta clase de malformaciones, los niños no sobreviven…

No sobreviven. No sobreviven. No sobreviven.

El profesor Demídov no se dirige a mí, sino a los estudiantes. En mí ya ni repara. Ya no existo.

Durante un tiempo mi yo tranquila se adueña por completo de mi cuerpo. Estoy tumbada sin bragas, me ruedan lágrimas por las mejillas, niños así no sobreviven, pero nada de esto me ocurre a mí. Estoy reflexionando.

Entiendo que, con fines puramente educativos, enseñar un «cuadro típico» a los estudiantes y a los médicos principiantes es importante. Que sencillamente es necesario para la formación de profesionales cualificados. Para que sepan distinguir una patología de otra. Un quiste de otro. Y comprendo que lo más adecuado es enseñar la patología con un ejemplo vivo. Con mi ejemplo. Pero pasa una cosa curiosa. Si ahora estoy sirviendo honradamente a la ciencia en general y al Centro de Obstetricia, Ginecología y Perinatología V. I. Kulákov en particular, ¿por qué demonios he pagado por esta prueba tres mil rublos? Y si los he pagado, ¿por qué la eminencia científica no me ha preguntado sencillamente si tengo inconveniente en que me observen un montón de desconocidos? Por cierto, casi con toda probabilidad lo hubiera permitido. Por las mismas razones por las que escribo este libro: para que lo que está ocurriendo tenga un mínimo sentido práctico.

Lo más asombroso es que, cuando un día más tarde le describo esta escena a mi amigo S., pediatra, mi indignación lo deja sinceramente sorprendido. Dice: «Es una práctica normal. Los estudiantes necesitan aprender». Y solo cuando le recuerdo lo de los tres mil rublos y la ética, de alguna manera conviene conmigo, aunque no muy convencido.

Por cierto, sobre la «práctica normal»: ¿acaso es normal que el profesor que me comunica que mi niño no sobrevivirá, no exprese dolor ni compasión? «Lo siento mucho, pero los niños así no sobreviven.» Eso hubiera sido mejor. Claro que el profesor no lo siente. El profesor tiene su deformación profesional y probablemente me recibió porque mi caso se podía utilizar con fines pedagógicos, pero todas estas son cuestiones que tienen que ver solo con el profesor y sus cualidades morales. En lo que se refiere a la «práctica normal», la expresión formal de la compasión en casos como este —hablamos de comunicación humana— es la norma. Es un estándar internacional. Básico. Pasarán unos cuantos días más y me daré cuenta de que en nuestro país esta clase de estándares no existen en absoluto. A veces te cruzas con personas que consideran necesario decir «lo siento» o «qué pena». Pero son la excepción. No existen rituales ampliamente aceptados para expresar la compasión.

Tal vez piense usted que esto no es importante, que nada de esto alivia. Créame. Es importante. Y alivia. Un poquito, pero alivia. Imagínese que no tiene piel, que le duele hasta el soplo del aire, le duele simplemente ser. Ahora imagínese que le tocan con la mano. ¿Preferiría que fuera una mano enfundada en una manopla de lona o que la persona que le fuera a tocar primero se lo quitara, se lavara las manos con jabón y se las untara con crema?

—Vístase —me dice el profesor con gesto de cierta sorpresa—. ¿Por qué sigue ahí sentada? Límpiese y vístase.

Me doy cuenta de que estoy sentada en la camilla como una estúpida: sin bragas, con la barriga manchada de gel y mirando al infinito.

Me limpio y me visto. Los estudiantes me miran en silencio. En un silencio absoluto, sepulcral.

Interrumpo este silencio:

—¿No vivirá ni un poquito?

—Bueno, ni un poquito... —responde el profesor—. Puede que viva algo. Dos o tres días. O incluso un mes. Usted decide. Interrumpir el embarazo o seguir adelante con él.

—¿Dónde tengo que ir ahora?

—Vaya a la clínica ginecológica local.

—¿Y aquí...?

—Aquí no nos dedicamos a estas cosas.

Es la primera vez (pero no será la última) que oigo la fórmula «estas cosas», pero estoy demasiado abatida para ponerme en guardia.

—Gracias —le digo al profesor.

Me parece percibir en su expresión una sombra de sentimiento humano, pero enseguida lo esconde en su interior.

—Vaya a la clínica ginecológica local —repite por alguna razón.

Salgo de la consulta y me doy de bruces con la misma señora de la limpieza. Sin mediar palabra, me mira y por su cara se extiende una expresión de alegría maliciosa completamente sincera, incluso infantil. No sé qué pinta tengo en este momento. Supondremos que espantosa.

Lo que viene a continuación es, probablemente, la pura negación. Aquella que finalmente se ha apoderado de mí. No bajo al guardarropa. Subo a la planta donde atiende el especialista Voyevodin. No soy muy consciente de mis actos, pero quiero —simplemente debo— repetir la ecografía con el especialista. Además, precisamente con el doctor que tengo apuntado en el papelito. Porque es el mejor. Tiene un enfoque moderno, no como la mohosa escuela soviética. Es posible que me cuente algo distinto. No espero que me diga que todo está en orden. Pero espero que me dé al menos alguna posibilidad. Aunque sea un mínimo porcentaje. Que mi niño nacerá y podrá vivir. Lo trataremos. Haremos todo. Trasplante de riñón, diálisis, lo que sea…

Me siento a esperar delante de la consulta del profesor Voyevodin. Ya es casi de noche. Espero a que termine con la última paciente de la lista y entro.

Voyevodin teclea algo en el ordenador.

—Estoy ocupado —dice—. No la he llamado.

—¿Cuándo puedo venir?

Vuelve la cara hacia mí, descontento y autocomplaciente a la vez.

—Soy un hombre muy ocupado. ¿Qué necesita?

Empiezo a explicar confusamente que mi marido llamó a su enfermera y que el médico de la calle Pirogovka que me hizo la ecografía me recomendó ir a verlo a él y solamente a él y que su enfermera había dicho que viniera…

—Ah, es usted. —Su tono se suaviza ligeramente, pero enseguida vuelve a ensombrecerse—. Esto fue hace dos horas. ¿Por qué viene tan tarde?

Rompo a llorar. Confieso que ya había conseguido cita con Demídov y que ya me tocaba entrar y que…

—O sea, ¿que ya se ha hecho la ecografía con Demídov? —berrea Voyevodin.

—Sí.

—¡¿Entonces qué quiere de mí?! —Voyevodin ya sencillamente se desgañita—. Le dijeron que viniera a verme a mí, pero fue a Demídov. Ha elegido, ¡¿qué quiere ahora?! ¡Váyase!

—Quiero que me haga usted la ecografía.

—¡Pero si ya ha visto a Demídov!

—Disculpe.

Me siento como una lombriz cortada en dos mitades con un trozo de cristal. Una mitad se retuerce, se humilla y suelta lágrimas y mocos porque quiere su ecografía. La otra apenas se mueve. Desprecia a la primera. Y le susurra: «¿Es que no ves que este tío es un cabrón?».

—¿Qué diagnóstico le ha dado? —pregunta Voyevodin.

—Displasia renal multiquística bilateral.

—¿De cuántas semanas está?

—De dieciséis.

—Mi ecografía es cara. —Se ha tranquilizado un poco—. Seis mil rublos.

—De acuerdo —respondo—. Los tengo.

—Entonces, venga dentro de dos semanas. Me gusta ver los riñones con dieciocho semanas. Ahora no los voy a ver. No haga nada en estas dos semanas, ningún procedimiento invasivo. Nada de abortos. Espere.

Por supuesto, nunca volvería a verlo. Pero más tarde comprendería que su propuesta de regresar a las dos semanas no era ningún capricho. En realidad, es mejor examinar el estado del sistema urogenital a las dieciocho semanas. Quizá porque en ese momento los riñones del feto asumen completamente la función de mantener el útero lleno de líquido (el embrión traga el líquido amniótico y lo expulsa con la orina, es un ecosistema cerrado). Si hay líquido, significa que la función de los riñones está, al menos parcialmente, conservada; si no lo hay, significa que los riñones, en principio, no funcionan. En resumidas cuentas: el profesor Voyevodin tenía razón desde el punto de vista médico.

Esto no quita que lo que sucedió fue extremadamente desagradable desde el punto de vista humano. Pero las cualidades morales del especialista son solo problema suyo y de su familia. Ahora bien, la ausencia de normas de comportamiento obligatorias en las instituciones médicas supone un problema del sistema.

Vuelvo al tema de los rituales: en las sociedades suficientemente desarrolladas se han fijado, para casos como el mío y para muchos otros, fórmulas e incluso modulaciones de la voz preestablecidas que en absoluto tienen que sentirse de corazón, pero que es necesario utilizar en favor de la ética. Muy probablemente, la mujer sollozante que aparece en la consulta del especialista sin cita previa y al final del día laboral después de hacerse una ecografía con la competencia provocará en el especialista de la sociedad desarrollada tanta irritación como en el de la sociedad subdesarrollada. Sin embargo, en la sociedad desarrollada el especialista le contestará con la fórmula preestablecida que confía en la opinión de su compañero, aunque está dispuesto, si ella así lo desea, a dar una segunda opinión, pero que hoy la consulta, lamentablemente, ha terminado, así que llame tal día, venga a tal hora… En Rusia las fórmulas preestablecidas brillan por su ausencia y las «no preestablecidas» las improvisa en cada caso concreto cada individuo concreto desde cero. Y dependen mucho de si el individuo ha tenido que soportar un atasco, si le duele la cabeza o ha discutido por la mañana con su mujer.

De nuevo, incluso en una sociedad suficientemente desarrollada, un radiólogo especializado, si le duele mucho la cabeza, es completamente capaz de perder los estribos durante un rato, olvidar todas las fórmulas y, sencillamente, despachar a gritos a una mujer. Sin embargo, en tal caso, lo más probable es que lo despidan del centro médico en el que trabaje. Además, será un escándalo. Y una mancha en su reputación. En lo que al especialista Voyevodin respecta: me consta que es un profesional de éxito, sus ecografías son caras y es un hombre muy ocupado.

Las dos mitades de mi lombriz logran de alguna manera unirse y yo me arrastro un buen rato por el Centro de Obstetricia, Ginecología y Perinatología V. I. Kulákov sin dar con el guardarropa. Después no encuentro el numerito. Y más tarde no seré capaz de encontrar la salida.

Quisiera que alguien me tomara de la mano y me sacara de allí. Pero no hay nadie.

Nunca vaya a sitios así sola. Lleve a su marido, a su amiga, al marido de su amiga, a su madre, a su tío, a su hermana, a quien sea, incluso a la vecina de al lado. Llévese a cualquiera que la ayude a encontrar la salida. No la salida definitiva, simplemente la salida del edificio.

3

Solo un feto

La Tejoncita es optimista. Cree que ocurrirá un milagro y que el Minitejón nacerá de todos modos. Posiblemente esta sea su fase de negación. Pero para ella es importante que yo también crea, como si mi fe pudiera arreglar algo. Va detrás de mí como una sombra:

—Pero ¿no crees al menos un poquito? Los milagros existen, ¿verdad? ¿No crees ni una gota? ¿Ni siquiera un uno por ciento? ¿Un pelín?

No sé cuál es la respuesta correcta, por eso digo lo que pienso: no creo. Ni un uno por ciento, ni una gota, ni un pelín. Ya he superado mi fase de negación. Quizá sea cruel, pero no quiero dar esperanzas a la Tejoncita. Cuanto mayor sea la esperanza ahora, tanto peor será después.

Dicen que la segunda fase del duelo es la ira.

No siento exactamente ira, pero quiero encontrar culpables.

La principal culpable de todo soy yo. Reviso mentalmente estas dieciséis semanas y encuentro muchos pecados. No me alegraba lo suficiente por la gestación de una nueva vida en mí. Las futuras mamás escriben en los foros: «Cuando vi esas dos benditas rayas en la prueba de embarazo me desbordó la alegría». Ese es su mantra. Su conjura. Es como el inicio de una oración. Como si hubiera un dios especial que supervisa el foro y ha de ser apaciguado. Yo no lo apacigüé. Y, en términos generales, me he equivocado. Mi alegría tuvo límites. Cuando vi las dos rayas del test, tuve miedo. Es verdad que en el primer embarazo, el de la Tejoncita, también sentí miedo, pero eso no importa. Esta vez me asusté más. Además, tomé vino la noche en que lo concebí. Fumaba. Comía de forma irregular. No iba a la piscina. Trabajaba demasiado. Escribía un libro nuevo. Escribía un guion. Escribía artículos. Ahora también tengo que escribir. Hasta que empezó esta pesadilla —es decir: apenas hace tres días— trabajaba en un reportaje largo que, por si fuera poco, venía con una fecha de entrega ajustada. Pero ahora no puedo escribir nada. Mando al jefe de redacción un correo electrónico contándole lo de las malformaciones y que no soy capaz de hacer nada. Me llega su respuesta: «Por supuesto. Lo aplazaremos».

El reportaje es sobre unos niños a los que los servicios sociales quieren apartar de su familia. Porque en su casa hay mugre, cucarachas, perros, gatos, ratas y pulgas. Porque su casa apesta. Porque su mamá acoge a todo tipo de animales callejeros. Porque en su momento los servicios sociales también separaron a su mamá de su propia madre y creció en un orfanato, sin la más mínima idea de lo que es un hogar normal. Quería defenderlos, escribir que la familia no se debe disgregar, que es preciso romper la cadena de la orfandad. Que estos niños están unidos los unos a los otros y a su madre, sea la que sea. Y que no hay que llevárselos, sino que tiene que intervenir un trabajador social. Que son felices, aunque mugrientos. En el orfanato estarían limpios, pero serían desgraciados. Hablé con voluntarios y psicólogos. Visité a los niños. En su apestoso y precario cuchitril.

Todo es por su culpa. Me han contagiado. Estuve allí en el primer trimestre, en la etapa en la que se forman los órganos. Todo es culpa de ella, de su criminal madre subnormal. Tiene cuatro críos y no se ocupa de ninguno de ellos. ¿Cómo es que vive en una pocilga y pare niños sanos? ¿Por qué sus chiquillos viven y el mío no sobrevivirá?

Porque no debí ir a verlos en ese entorno antihigiénico. Es culpa mía.

Aunque, no. La poliquistosis es una enfermedad hereditaria, no se puede contagiar. Es decir, soy culpable, pero no por ir a aquel tugurio, sino por otra cosa.

Sé por qué. Tengo un pecado. Un pecado capital.

Una vez dije que no quería al niño. No quería tener un segundo hijo. Lo dije con malicia, durante una discusión con el Gran Tejón. La palabra es poderosa. Fue allá por la octava semana. Tal vez justo en el periodo de formación de los riñones.

El Gran Tejón. Es por su culpa. Lo dije por él. Y fue él mismo el que dijo las palabras malditas. Dijo que no era el momento adecuado. Que teníamos demasiado trabajo.

—¡No lo querías! —ataco al Gran Tejón—. ¡Decías que iba a molestar! ¡Estarás contento!

El Gran Tejón responde:

—No, no estoy contento. En realidad, yo también lo quería.

Y añade con impotencia:

—Pensaba jugar con él al fútbol.

Me avergüenzo, pero tengo la necesidad de seguir pinchándole:

—Pues ya no habrá ningún niño. No habrá niño.

Entonces él empieza a convencerme de que esto aún no es un niño, sino un feto. El feto no puede existir fuera de mi organismo. El feto todavía no vive en el sentido pleno de la palabra… Me lo demuestra. Insiste. Quiere así consolarme, pero yo me desespero. ¡Mi niño está vivo, da patadas, se mueve! Grito:

—¡No te atrevas a llamarlo feto! Es una persona, no una manzana.

—De acuerdo, ¿puedo llamarlo embrión?

«Embrión» suena mejor. Nos lanzamos a una discusión teológica sobre el alma del embrión. Mi marido, bautizado en la fe ortodoxa, afirma que el embrión probablemente no tenga alma. Yo, que no estoy

34

bautizada, mantengo que sí la tiene y que la siento. Un alma adicional, pura, en mi interior.

—De acuerdo —asiente el Gran Tejón—. Tú lo sabrás mejor.

Se rinde simplemente para tranquilizarme. Lo hace todo el tiempo. Cocina, hace la compra, friega los platos, prepara el inhalador de la Tejoncita y sus gárgaras para la garganta. Trabaja, me pide que coma, me abraza, me acaricia la cabeza y me dice: «Estoy contigo». Habla por teléfono con mis padres y con los suyos. Yo me paso el día tirada, llorando, y él, como el lobo de aquel primitivo videojuego, recoge todos los huevos y llena todas las cestas. Está conmigo. Pero el niño de los riñones enormes no está dentro de él, está dentro de mí. Es a mí a quien le tocará matarlo en un futuro muy próximo. O será a mí a quien le tocará seguir con el embarazo y alumbrar al niño. Y verlo morir.

4

No nos dedicamos a estas cosas

Mariya:[2] En la ecografía correspondiente a la semana 22 me dijeron que el niño tenía malformaciones congénitas: síndrome de Arnold-Chiari, hidrocefalia, la cabeza deformada, una columna vertebral anormal y los pies deformados, la conclusión de la comisión de genetistas fue unívoca: abortar, un niño con tales malformaciones no sobreviviría... me indujeron el parto y cuando di a luz me cubrieron los ojos, me dijeron que no mirase porque de lo contrario lo recordaría para el resto de mis días.

Invitado: No os fieis de los médicos, mejor acudid a santa Matrona, ella os ayudará. También podéis ir a los lugares sagrados.

---

2. Esta y otras intervenciones de participantes en foros de Internet provienen de fuentes abiertas; se conservan la ortografía y la puntuación. *(Nota de la autora.)*

Ulyana: Nunca olvidaré el día que firmé el consentimiento para matar a mi propia hija. (...) La niña que llevaba dentro luchaba y crecía. Las manitas, los pies, todo estaba bien, pero decían que el corazón había empezado a fallar en aquellas condiciones, estaba completamente hipertrofiado. Le diagnosticaron un retraso en el desarrollo. Dijeron que no viviría. Convocaron un consejo médico. (...) Todavía no puedo perdonarme haber dudado de su capacidad para sobrevivir... como si me estuviera advirtiendo especialmente a mí que podía, que estaba creciendo. Y yo decidí por ella. Dios mío, no le deseo a nadie tener que pasar por esto: matar a su propia niña... A las 10:30 de la mañana simplemente me pusieron suero fisiológico (...), me introdujeron laminaria y después el vientre me empezó a doler a rabiar, estuve cuatro horas sin poderme relajar. Desde por la mañana me pincharon tres dosis de No-spa,[3] oxitocina (creo), ese mismo suero fisiológico y alguna cosa más. Las contracciones empezaron cerca de las 7 de la tarde, a partir de las 9 de la noche las contracciones se repetían cada 30 segundos, acompañadas de vómitos, a las 01:40 di a luz a mi niña asesinada...

Estoy registrada en la clínica ginecológica local, pero me han hecho el seguimiento del embarazo durante las

---

3.   Clorhidrato de drotaverina, medicamento antiespasmódico. *(Nota de los traductores.)*

dieciséis semanas en la Clínica de Obstetricia y Ginecología V. F. Snegiryov, en la calle Yelanski, junto a la calle Bolshaya Pirogovka. Pagaba por ello. Tenía pensado dar a luz allí, también pagando. Me parecía que era más seguro. En el primer embarazo siempre tuve la sensación de que ahí dentro todo pendía de un hilo. No dejaban de amenazarme con un aborto espontáneo, incluso tuvieron que hospitalizarme una temporada como medida de precaución. Aun así, la Tejoncita nació a término, pero decidí que la segunda vez me organizaría mejor. A fin de cuentas, ¿qué es la clínica ginecológica local? Allí hay colas, siempre están de mal humor y son unos ignorantes. Mejor la sanidad privada. Los médicos están mejor cualificados, disponen de mejores aparatos… En este segundo embarazo tenía las pulsaciones por encima de 120, pero nada indicaba un riesgo de aborto espontáneo. El Gran Tejón incluso bromeaba con que el bebé se había agarrado con fuerza y no se movería de allí.

Ahora ya sabemos que las cosas no son así. Si no mueren en el vientre, estos niños nacen con unas barrigas enormes que se componen básicamente de riñones, y los riñones, de quistes. Sus barrigas son tan grandes que les impiden avanzar por el canal del parto y hay que hacer una cesárea. Sus pulmones no llegan a desarrollarse debido a la presión de los riñones y a la compresión derivada de la ausencia de líquido amniótico. No pueden respirar. Viven entre unos minutos y unos pocos meses conectados a un respirador artificial. Su presión arterial es alta. Presentan el «fenotipo de Potter» (no confundir con el famoso protagonista de los libros de literatura infantil). El fenotipo de Potter es fruto de la ausencia de líquido amniótico. Nariz aplastada, ojos rasgados ampliamente separados, orejas deformadas…

Nuestra hija, sin embargo, es tan hermosa… Es muy hermosa.

Llamo al médico que me solía ver en la clínica V. F. Snegiryov. Le cuento lo de los riñones enormes y lo de la enfermedad poliquística. Y que probablemente tenga que interrumpir el embarazo.

—Es un diagnóstico muy grave —dice—. Y el aborto es algo muy serio.

—Sí, lo sé. ¿Qué hago? ¿Cuándo puedo ir a verle?

—Ahora no le veo mucho sentido a una visita. Podría consultar a un perinatólogo. En el Hospital Filátovskaya, por ejemplo. Pero, por lo general, si el diagnóstico se confirma, el pronóstico de vida es desfavorable. Le aconsejaría que se dirigiera cuanto antes a la clínica ginecológica local. Ahora el tiempo juega en su contra. Está embarazada de muchas semanas. La clínica ginecológica local autorizará la interrupción.

—Si obtengo la autorización, ¿podría someterme a la interrupción en su clínica?

Hasta este momento el médico me había estado hablando con un tono suave y compasivo. Después de esta pregunta todo cambia. Como si le hubiera propuesto hacer algo sucio y perverso conmigo.

—No no, eso no lo hacemos. No nos dedicamos a esas cosas.

Llamo a varias clínicas y maternidades con buena reputación, de pago y gratuitas. Tampoco se dedican a esas cosas. «¿Qué cosas?» «Ya sabe: ¡abortos en embarazos avanzados!» «¡Pero si es por prescripción médica!» «En ese caso diríjase a la clínica ginecológica local.» También pregunto si hacen el seguimiento de embarazos con este tipo de malformaciones. El dinero no es problema. Si yo, por ejemplo, decido llevar a término el embarazo. Pero a esas cosas tampoco se dedican. En una de las clínicas me contestan con indignación:

—¡¿Pero qué le pasa, señora?! ¿Cómo puede pensar algo así? ¡Aquí tenemos a mujeres embarazadas! ¡Se van a poner nerviosas cuando la vean!

Tienen a mujeres embarazadas. Futuras mamis. Se dedican a las futuras mamis y a sus nenes y no a las abominaciones patológicas. Controlan su peso, sus analíticas, su ritmo cardíaco. Pero si algo va mal, si la función de los cilios primarios de las células epiteliales de los túbulos renales está deteriorada, si el parénquima degenera en quistes, si el pronóstico es desfavorable, si estos niños no sobreviven, entonces el nene se convierte en un feto con malformaciones, en una calabaza podrida, y la futura mami, en rata. Todas estas clínicas. Con sus globos, con sus revistas *Tu bebé*, con sus fotografías de recién nacidos, con sus sujetadores premamá. Ninguna de ellas es para ratas. Las ratas que se vayan por la puerta trasera. Que se escondan en el sótano. Por la puerta principal entra aquella que está esperando un bebé. Entra la futura mami. Yo, sin embargo, no espero, ya no espero a nadie. Soy simplemente una rata. Mi futuro está escrito en las instrucciones del Centro de Control Sanitario y Epidemiológico.

La ventaja de la embarazada periodista frente a la embarazada no periodista radica en que la primera es capaz de recopilar información rápidamente, incluso cuando está por completo desesperada y bañada en lágrimas. En solo dos horas de búsqueda saco en claro que la interrupción tardía del embarazo se realiza por razones médicas o sociales en instituciones altamente especializadas. Estas instituciones son, básicamente, centros obstétrico-ginecológicos de determinados hospitales. En estos centros ingresan a mujeres embarazadas y no embarazadas, incluidas aquellas con infecciones víricas, con lesiones sépticas purulentas, con enfermedades inflamatorias del sistema reproductivo, con infecciones urogenitales crónicas y mujeres que se han sometido a abortos clandestinos, así como a aquellas no empadronadas, sin historial médico o sin lugar de residencia fijo. El aborto tardío por razones sociales se autoriza en los casos de mujeres drogadictas, alcohólicas, que sufren trastornos psiquiátricos, en mujeres sin recursos económicos, «sin nadie que las mantenga». El aborto tardío por razones médicas: este es mi caso. Peligro para la vida de la madre o malformaciones graves del feto. Solo es posible obtener el volante para este tipo de instituciones en la clínica ginecológica local correspondiente al lugar de residencia.

En Moscú, una institución de «este tipo» es, por ejemplo, el centro obstétrico del Hospital Urbano 36, situado en el distrito de Sokolínaya Gorá. Si es usted hombre o una mujer que nunca ha estado embarazada, probablemente no sepa que a la gente le encanta asustar a las futuras mamis negligentes con el Sokolínaya Gorá. «Si no vienes a las revisiones de forma regular, no rellenaremos tu historial y tendrás que parir en el Sokolínaya Gorá con los vagabundos.» Durante el primer embarazo me decían eso en la clínica ginecológica. Cierto es que en el segundo, que hay que interrumpir, me dirán algo distinto. Que allí, en el hospital de Sokolínaya Gorá, hay médicos especialmente formados, profesionales y maestros en su trabajo. Ellos y solo ellos son capaces de interrumpir un embarazo tan avanzado. Se requiere auténtica pericia. Porque es un asunto peligroso. De repente las cosas pueden ir mal. Una hemorragia. O una histerectomía.

Y, por supuesto, ¿qué clase de investigación sería la mía si no consultara las reseñas y las discusiones de los foros de internet? Las leí cientos, tal vez miles de veces. Es todo un mundo. Son las tropas del rey Rata que perdieron la batalla. Mutiladas, sangrando, gritando, escabulléndose en retirada a sus guaridas subterráneas…

* * *

Lyolya: Cuando el 20 de julio me sometí al parto inducido por indicaciones médicas, le habían detectado síndrome de Arnold-Chiari a mi niño, supe lo que era el DOLOR. Cuando te da miedo cerrar los ojos, cuando te es imposible mirar a otros niños, te vuelves una herida abierta que sangra constantemente. Estaba en una fase del embarazo muy avanzada, en la semana 26. Me estuvieron induciendo el parto siete días, me ponían laminaria, inyecciones. (…) Mi hijo estaba vivo y pataleaba muy fuerte. Cuando me perforaron la bolsa amniótica y el líquido salió, mi vientre adoptó su forma y podía notar en la mano los latidos del corazón del feto. Después empecé a perder mucha sangre, no sé por qué, y el parto se paró por completo y entonces se tomó la decisión de practicar el aborto. Lo cortaron vivo en pedacitos dentro de mi cuerpo y lo sacaron.

Invitado: las madres que hacen cosas tan terribles son unas zorras…

Olga: Gracias a Dios yo no tuve que pasar por este horror, pero puedo decir con toda seguridad que el niño debe vivir lo que Dios le ha dado y no lo médicos. Que viva 1 hora, 1 minuto, pero al menos usted sabrá que no lo ha matado.

De un artículo en la página web «Medicina para mujeres»:

Para la interrupción del embarazo se administra la hormona prostaglandina, que provoca contracciones y una dilatación lenta del cuello uterino. Este proceso resulta muy largo y doloroso. (…)

En embarazos avanzados, el «parto inducido» se lleva a cabo mucho más a menudo con la ayuda de mifepristona y un análogo de la prostaglandina.

Otro método de «parto inducido» es el aborto salino o «inundación».[4] Se extrae el líquido del saco fetal con una aguja y en su lugar se introduce una solución salina. Al cabo de un tiempo, el feto muere por las quemaduras químicas y la hemorragia cerebral. Durante los siguientes dos días se extrae el cuerpecito muerto del organismo de la mujer. (…) A veces ocurre que el niño nace vivo, en este caso se le inyecta cloruro de potasio, que hace que su corazón se detenga.

De un artículo en Allwomens.ru:

Los médicos llaman «piruleta» a este tipo de feto, ya que, por el efecto de la solución salina, la piel del niño se vuelve más delgada y de color rojo brillante. Extraen al feto muerto al cabo de 24-48 horas.

Maxim: ¡En la vida consentiría semejante cosa! ¡Hay mujeres que no pueden tener hijos y otras hacen estas

4. Que yo sepa, la «inundación» no se practica actualmente en Rusia; al menos no en las grandes ciudades. Sin embargo, es un recurso muy utilizado para asustar a las mujeres tanto en internet como en las clínicas ginecológicas. *(Nota de la autora.)*

barbaridades! Pobres criaturas, ¡torturadas y muertas antes de nacer!

Katya L.: Tengo 20 años mi embarazo fue deseado no bebo no fumo. (…) malformaciones incompatibles con la vida, espina bífida, líquido en el cerebro, signo de la banana, bifurcación de la columna en la región sacra y algo en uno de los pies. Perdí el sentido de la vida ingresé en el hospital (…) me daban pastillas cada 3 horas. Empezaron desde las 9 de la mañana a las 17 los dolores eran insoportables dijeron que me pusiera supositorios para relajar el útero pero solo me dieron diarrea a las 21:20 me sacaron de la sala para dar a luz perforaron la bolsa amniótica las aguas salieron y di a luz a una niña (estaba muerta) y la placenta salió luego anestesia no sé por qué. DIOS NO QUIERA que nadie pase por esto, leo y lloro, mi mente se trastornó mucho no quiero hablar con nadie quiero morir.

Olga: Siempre se repite la frase «Por lo que he pasado yo…», ¡fíjense en la importancia de la palabra YO! Usted no quiere dejar vivir a su «defectuoso» hijo porque ante todo no quiere sufrir viendo y entendiendo que morirá. Al mismo tiempo, aunque sea duro, consiente disolver el bebé que lleva dentro en solución salina… Claro que siente lástima, ¡pero sobre todo por usted!

Saturnina: No puedo tener respeto por aquellas que han matado a niños vivos. ¿Quieren tener otros hijos? ¿Y qué clase de madres serán para ellos? (…) Las que matan a sus propios hijos se merecen solo condena y vergüenza.

*   *   *

Durante unas horas me sumerjo de cabeza en este negro submundo obstétrico-ginecológico. E incluso más tarde, cuando parece que emerjo a la superficie, me sigue arrastrando a las profundidades. No hay nada en el mundo que me interese más que estos reportajes patológicos desde el infierno. En el vocabulario que utilizamos a diario el Gran Tejón y yo incluso aparece la expresión «leer horrores».

—¿Qué, otra vez estás leyendo horrores?

—Sí.

—¿Por qué?

—Por saberlo.

Leo sobre las posibles consecuencias para la salud de los «partos inducidos» (son todo un abanico: desde infecciones y hemorragias hasta la pérdida completa de la fertilidad).

Leo sobre la «limpieza» que también llaman «legrado»: ambas palabras son repugnantes. La limpieza se hace al final, con anestesia total, con independencia de si en el útero han quedado o no restos de la placenta, simplemente por si acaso. A veces hacen la «limpieza» varias veces porque usan la legra a ciegas, sin la ayuda de un ecógrafo, y algo siempre se queda. Me da miedo la anestesia. Me da miedo el raspado. Me da miedo la legra. Me dan miedo todas estas palabras. No quiero que me raspen y me limpien con una legra afilada.

Leo sobre los abortos salinos y los bebés piruleta.

Leo las historias de mujeres que han tenido en sus brazos los cuerpos muertos de sus niños.

Leo las historias de mujeres cuyas familias se han desintegrado después de un «parto inducido».

Leo las historias de mujeres que nunca encuentran la paz.

Leo las preguntas «¿por qué?» y «¿cómo vivir a partir de ahora?» y «¿es posible que los médicos se hayan equivocado?».

Leo comentarios con condolencias y comentarios con denuncias furiosas.

Leo confesiones y sermones.

No sé por qué leo todo esto, dado que ya tengo un océano de información. Probablemente porque quiero sentir la constante confirmación de que no estoy sola. Que hay todo un sótano enorme lleno de ratas como yo y que todas chillan de dolor y miedo.

Junto con las ratas, encerrados en el sótano, hay también troles. Esos que escriben sobre el infanticidio, sobre el barril de solución salina aguardando en el infierno y sobre Dios, que es el único que puede decidir quién vive y quién muere.

En general, en este tipo de foros Dios se manifiesta de dos maneras: el Dios castigador que a su debido tiempo sumergirá a todos en cloruro de sodio y el Dios superespecialista. El Dios superespecialista (así como sus delegados: santa Matrona, los curas…) puede corregir los malos resultados de ecografías, curar anomalías cromosómicas y refutar diagnósticos.

Por supuesto, en una situación en la que solo cabe esperar un milagro, recurrir a una autoridad superior es completamente natural. Soy agnóstica, pero si fuera creyente, si no tuviera la menor duda de que allí arriba alguien me escucha, la oración me supondría un alivio. Creer en los milagros es natural. Rezar es natural. Lo que es antinatural es cuando la oración y la medicina, el diagnóstico y la fe, intercambian sus posiciones. Cuando los consejos sobre las malformaciones del feto provienen del cura. «Los médicos prescriben abortar, el bebé no tiene cerebro, ¿cómo ayudar a mi niño?» «No haga caso a los médicos, acuda a santa Matrona…» Este es el grado de desesperación y locura al que se llega.

Invitado: Vaya al cura y pregúntele si debe interrumpir el embarazo o no.

Alfina: gritaba por toda la clínica que me iba a ahorcar. (…) ¡Voy a matar a mi niña y me voy a matar yo! (…) Ella sufría, sufría mucho. ya no la sentía… (…) voy a mi cita con el ginecólogo y, ¡DIOS!, no me habían limpiado bien, otra vez al hospital. me terminan de limpiar. lágrimas. no puedo más. soy como un cadáver andante. todavía queda un quiste, pero ¿y yo qué pretendía? ¿matar a la niña y ya? ¿vivir en paz después?

Mijáilovna: Sois unas asesinas, hijas. Es el mismo tipo de asesinato que acercarse a un niño enfermo o a un anciano en la calle (…) y darle una paliza mortal:

¿para qué va a sufrir e infectar a los demás? Cualquier madre alcohólica con un montón de hijos es mejor que vosotras. En lugar de llevar a término lo que es vuestra propia sangre, vuestro dolor, (…) dar a luz, hacer todo lo posible por salvar al pequeño, bautizarlo, o, Dios no lo quiera, cerrarle los ojos y entregarlo a la tierra de manera cristiana, vosotras lo donáis para órganos y cremas antienvejecimiento para señoras mayores. No es de extrañar que las enfermeras os traten con desdén. Yo os esterilizaría. P.D. Vosotras mismas acabaréis en el barril de solución salina. En el infierno.

De nuevo, lo que distingue a una periodista con un embarazo patológico de una, digamos, artista, es que el sótano lleno de ratas de habla rusa no le es suficiente y, para obtener una imagen completa, también necesita meterse en el de habla inglesa. Me meto.

En los foros en inglés, por supuesto, Dios también está presente, pero es algo distinto. No es castigador ni experto, sino algo así como un gato cálido y acogedor o, al menos, como una madre. Es casero, consuela y, en la medida de sus capacidades, muestra preocupación. Incluso puedes ofenderte o enojarte con él porque ha hecho mal su trabajo. En los foros dedicados a los defectos del desarrollo hay incluso temas específicos como «Nuestra relación con Dios después de la pérdida». Además de Dios, aparece constantemente otro personaje: el psicólogo. Como algo natural para tal situación y no como último recurso, al que acudes solo si definitivamente pierdes la cabeza.

En general, los foros temáticos en inglés se parecen mucho menos a un sótano. En primer lugar, porque reina un orden asombroso: todo el sufrimiento, así como las mutaciones, están claramente expuestos en los estantes. Existe, por ejemplo, un sitio popular con un nombre monstruoso, al estilo de una telenovela, llamado *A Heartbreaking Choice* («Una elección desgarradora»). La columna de la izquierda contiene una lista de varios trastornos del desarrollo: anencefalia, defectos congénitos del cerebro, defectos congénitos del corazón, hidrocefalia, síndrome de Potter (incluido mi caso), espina bífida, trisomía 13, trisomía 18, trisomía 21 (Down), etc. Haces clic en el que necesitas y lees historias desgarradoras sobre el tema. Hay toneladas de páginas web dedicadas exclusivamente a un trastorno en particular. ¿Quieres «hablar de ello»?: vas a la sección de discusión del sitio. Y sigues determinados rituales y reglas.

La regla principal es: si eres, por ejemplo, un fanático religioso, un trol de la red o simplemente tienes tu propia opinión sobre la inadmisibilidad del aborto tardío o descubriste por accidente que existe una conexión directa entre la interrupción del embarazo por motivos médicos y el infierno ardiente, te advierten cortésmente, en letra grande, que no debes hablar en el foro. Porque aquí hay mujeres que están sufriendo la pérdida y que están *in pain,* y no hay que amargarlas.

Porque de cualquier manera serás expulsado de inmediato y, en el mejor de los casos, con eso se acabará todo. En el peor de los casos, serás denunciado por violencia psicológica. ¿No quieres ir a juicio? Crea tu propio club de discusión dedicado al infierno ardiente y disfruta de la vida.

En los foros temáticos en inglés jamás he encontrado a ningún idiota agresivo con una opinión del estilo «madres asesinas». No porque no haya idiotas agresivos en Estados Unidos, en Canadá ni en Australia —no son menos que aquí—, sino porque hay reglas.

Por lo tanto, *sus* discusiones sobre malformaciones y abortos son una forma de psicoterapia mientras que *las nuestras* son una forma de tortura autoinfligida.

Hablando de rituales: uno de los obligatorios en los foros de habla inglesa es que cualquier desahogo personal en respuesta al desahogo de otra persona está precedido por una simple frase: *I am sorry for your loss.* Lamento tu pérdida.

Tal vez realmente no lamentes nada. Quizá solo pienses en tu dolor. Pero de igual manera te sientas y tecleas esta simple frase. Solo para evitar sentirte como una rata en un sótano.

5

UNA POSIBILIDAD

Aunque ya cuento con dos diagnósticos, busco a otra radióloga especializada: Olga Malmberg. Tiene la agenda completa para los siguientes días, pero al oír mi relato, dice: «Venga mañana». Su ecografía también es cara, incluso más que la de Voyevodin, pero en este momento el problema financiero no me preocupa en absoluto. El dinero no es más que unos papelitos con dibujos. Ya no nos quedan de estos papelitos; vivimos en un apartamento alquilado, así que cojo el sobre con el rótulo «para diciembre» y los saco de ahí. Al fondo de la mesita de noche roja, entre el contrato para un guion y el cuaderno de dibujos de la Tejoncita, tengo otro sobre escondido con dinero para el parto. No quiero recurrir a él. De repente empiezo a pensar que tener un sobre con dinero para el parto, de alguna manera, aumenta mis posibilidades de que suceda de verdad.

Esta vez acudo a la consulta con el Gran Tejón.

Esperamos mucho tiempo en el vestíbulo de la clínica privada Madre e Hijo; a nuestro alrededor hay futuras mamis, en mayor o menor grado satisfechas de la vida, así como «mujeres FIV» (han venido para la fecundación *in vitro*). Hay un árbol de Navidad artificial envuelto en guirnaldas. El ambiente es carnavalesco. En la pared tienen una gran pantalla de plasma y yo clavo la mirada en ella para no fijarme en las barrigas de otras mujeres. En la tele veo a un tipo alegre, también con barriga, que cocina algo insoportablemente grasiento, rosado y suave, que luego somete al juicio de unas señoras que a cambio le regalan una cacerola. Están todos muy contentos...

—Los riñones presentan un agrandamiento difuso, de estructura hiperecogénica, con múltiples inclusiones quísticas... —Olga Malmberg mira la pantalla con tristeza, parece sincera, y dicta algo a su enfermera—. Tened paciencia, chicos. —Esto ya va dirigido a nosotros—. Termino la prueba y hablamos de todo... Ahora, la placenta... tres vasos... volumen normal de líquido amniótico... cerebelo... latido del corazón... pies... sexo del bebé... niño...

Estoy tumbada con los ojos cerrados. Más allá del latido de mi propio corazón escucho su voz, que describe en detalle al bebé que llevo en mi vientre. No dice nada nuevo, nada que no hubiera oído en las ecografías anteriores, pero suena tranquila y triste al mismo tiempo; dice: «Tened paciencia», me llama «cariño», y a mi hijo, «niño» y no feto. Al Gran Tejón y a mí nos llama «chicos». También dice: «Lo siento mucho...». Es solo una buena voz humana, no más pero tampoco menos. Lo justo para encontrar fuerzas para abrir los ojos y vestirme cuando todo acaba.

—Bueno, chicos, ya lo he mirado todo —dice Olga Malmberg—. Vuestro pequeño tiene displasia renal multiquística bilateral. Lo siento mucho. No veo ningún otro defecto en el desarrollo. Niños así...

«No sobreviven, no sobreviven, no sobreviven», completa sus palabras mi cabeza.

Sin embargo, su conclusión es otra:

—Necesitan hemodiálisis nada más nacer si logran sobrevivir. En adelante dependerá de un riñón artificial.

—¿Pero tiene alguna posibilidad de sobrevivir?

—Hay una pequeña posibilidad —responde Malmberg—. Si es un defecto aislado y no forma parte de una anomalía cromosómica. Si la función de uno de los riñones al menos se conserva en cierta medida. Todo esto será evidente en dos semanas. Veremos si hay otras anomalías y si queda líquido amniótico. Sin líquido amniótico no hay ninguna opción. Sufrirá compresión, los pulmones no se desarrollarán... El niño no morirá por insuficiencia renal, simplemente no podrá respirar. Con la función intacta de al menos un riñón, habría suficiente líquido amniótico y se podría intentar salvar al bebé. En cualquier caso, con una malformación como esta, tiene derecho a interrumpir el embarazo. Es su decisión.

—No quiero interrumpir el embarazo —digo.

—No queremos —repite el Gran Tejón con una voz apagada.

La doctora asiente.

—En ese caso, tratemos simplemente de calmarnos y esperemos dos semanas. Entonces repetiremos la ecografía. Estará entre la semana dieciocho y diecinueve de gestación. No será demasiado tarde para abortar si descubrimos escasez de líquido amniótico… Es difícil, lo entiendo. Esperar es difícil. Y la probabilidad es pequeña, chicos.

—¿Puedo hacer algo para retener el líquido amniótico? —pregunto—. Cualquier cosa…

Estoy dispuesta a beber agua por litros, por garrafas. O que me la metan en vena. Tal vez así a él le llegue al menos algo…

—No se puede hacer nada —responde la doctora—. Solo se puede esperar. Ojalá tenga suerte.

No tendremos suerte. Pero todavía le agradezco a Olga Malmberg esas dos semanas de esperanza y prórroga que nos dio.

En esas dos semanas logré acabar mi reportaje sobre la maltrecha familia numerosa y los servicios sociales (los niños, por cierto, se quedaron con su madre).

En esas dos semanas pude decirle a mi hijo nonato decenas, cientos de veces: «Quédate. Por favor, quédate, quédate. Te querremos. Jugaremos contigo. Te gustará. No te vayas. No nos dejes».

En esas dos semanas pude decirle decenas y cientos de veces a mi hija que no tenía culpa de nada. Paradójicamente, a sus ocho años, mi hija se consideraba responsable de lo que estaba pasando. «¿Es todo por mi culpa?» «¿Es porque os pedí una hermana o un hermano?» «¿Es porque me resfrié y traje la infección a casa?»...

En esas dos semanas pude estudiar y valorar ciertas posibilidades y opciones. Cómo y dónde salvar al bebé si quedaba líquido amniótico. Cómo y dónde interrumpir el embarazo si sucedía lo contrario. En resumidas cuentas, había dos opciones para el aborto: la sección de ginecología de algún hospital de enfermedades infecciosas, aquí, en Rusia (a través de la clínica ginecológica local), o una buena clínica que no tuviera reparos en «hacer este tipo de cosas» en el extranjero. La legislación rusa establece que ninguna clínica, excepto las especializadas como la de Sokolínaya Gorá, está autorizada a practicar abortos tardíos por motivos médicos, cobren o no por ello.

Esas dos semanas fueron, simplemente, tiempo para mí, tiempo ganado que ni siquiera las empleadas de la clínica ginecológica local pudieron quitarme. Sin este tiempo y sin esta esperanza, probablemente me hubiera rendido y habría hecho todo lo que hubieran querido: con urgencia, obediente, sin alternativa. Es posible que en la clínica de enfermedades infecciosas de Moscú de veras trabajen unos especialistas maravillosos, no lo sé. Solo sé que en esas dos semanas comprendí definitivamente que debería tener derecho a elegir dónde y cómo interrumpir mi embarazo: con pacientes infecciosos o no, con o sin anestesia, en presencia de mi marido o en solitario. El hospital de enfermedades infecciosas ofrecía un paquete de servicios «barato y estricto»: hospitalización de diez a catorce días, parto inducido sin anestesia, legrado, tratamiento con antibióticos, visitas de familiares en los horarios estrictamente definidos.

Contacté con varias clínicas a través de amigos y conocidos residentes en el extranjero. En Hungría, en Francia y en otros lugares. Me mostraron su comprensión y se negaron: no practicaban abortos tardíos a extranjeras sin permiso de residencia. El médico húngaro, por cierto, mencionó que en su país no se practican abortos salinos desde los años setenta y que utilizan métodos lo menos drásticos posibles. En Israel estaban dispuestos a tratarme, pero el proceso requería un desembolso enorme y prometía muchas trabas burocráticas y dilaciones. La opción más realista terminó siendo el hospital Charité de Berlín, con el que previamente había hablado mi amiga Natasha, que llevaba muchos años viviendo en Alemania. Sin embargo, el aborto en el Charité tampoco era barato. Para empezar, mencionaron únicamente una cantidad aproximada de cinco mil euros, pero la cifra definitiva no la sabríamos hasta que no pudieran valorarme y hacer una ecografía. Teniendo en cuenta que también hacía falta dinero para los billetes, el alquiler del apartamento en Berlín y nuestros gastos allí, y que en nuestro «sobre para el parto» no había ni una cuarta parte de la cantidad necesaria, toda la empresa parecía, por decirlo suavemente, incierta.

Empezamos a recaudar dinero entre amigos y conocidos, pero al mismo tiempo, por si no conseguíamos
la cantidad necesaria o algo se torcía con el visado, fui
a la clínica ginecológica local que con tanta insistencia
me había recomendado el eminente científico.

6

Tendrás otros

—Los hombres no pueden pasar —dice, bloqueándonos la entrada, un hombre fornido y sombrío con un suéter gris.

Es el guardia. Protege la clínica ginecológica local del distrito de Jamóvniki. La protege de los hombres.

—Es mi marido —explico.

—Los hombres no pueden pasar —repite el guardia con aburrimiento—. Son las reglas.

—Déjeme pasar, por favor —suplica mi marido. Parece creer sinceramente que se le puede explicar algo a un hombre sombrío con un suéter de color gris ratón—. Tenemos una situación grave. Realmente grave. Necesitamos hablar con el médico juntos.

—Los hombres no pueden pasar dentro, caballero. —El guardia abre las piernas, como demostrando que no hay fuerza en el mundo que le impida cumplir honradamente con su deber—. Esta es una institución para mujeres. Deje que vaya sola. Mientras tanto, siéntese en este banco.

Nos rendimos. Mi marido se sienta y yo entro sola. Subo al segundo piso y me siento en otro banco, delante de la consulta del médico, en la interminable cola de mujeres. Así son las reglas. Los hombres no pueden pasar. Los hombres no tienen nada que ver con esto. No se debe permitir que los hombres se acerquen a las instituciones para mujeres, a las enfermedades y a los problemas de las mujeres. Eso piensa el que escribió las reglas. Eso piensan las propias mujeres que guardan cola. Eso es lo que piensa el médico en la consulta. Eso es lo que piensa mi madre. Cuando se enteró de que quería que Sasha estuviera conmigo en el «parto inducido», se horrorizó:

—¿Quieres perder a tu marido también? ¿Para qué necesita ver esa pesadilla? ¡Los hombres huyen después de una cosa así!

La ginecóloga-obstetra que atiende mi distrito es, en realidad, una buena mujer. Cuando le hablo de la poliquistosis renal, parece compadecerse de mí con toda sinceridad, trata incluso de consolarme lo mejor que puede. Me inunda de sabiduría popular, de consejos que, en su mayoría, ya he leído en los foros. Me dice:

—No llores, todavía eres joven, tendrás otro que vendrá sano.

Y también:

—Ahora abortarás y en un año volverás a quedarte embarazada, un rayo no cae dos veces en el mismo sitio.

Dice:

—Dios nos pone a prueba atendiendo a nuestras fuerzas. Si te ha mandado esto, podrás soportarlo.

Luego me dice que necesito urgentemente, pero urgentemente, pasar por una comisión médica, obtener la autorización para interrumpir el embarazo e ir a un hospital especializado. Busca mi historial y no lo encuentra, no hay historial. Es todo culpa mía —si bien me registré a las ocho semanas de embarazo, luego no acudí a la consulta, prefiriendo «cualquier médico privado», y, naturalmente, en este tiempo el historial «desapareció»—, pero me perdona. Abriremos en un momento uno nuevo. Porque necesito registrarme otra vez inmediatamente.

—Bueno, esto es lo que vamos a hacer: ahora bajas a la recepción y te abrirán un historial nuevo. Luego vuelves aquí, lo registro y te doy un volante. Con el volante, te vas a ver a los médicos del policlínico del distrito: al internista, al dentista, al cardiólogo… ¡tienes un pulso frenético!…, al otorrino, al oftalmólogo… Tienen que rellenarte este formulario de reconocimiento. Luego lo traes aquí. Sin él no puedo darte en mano tu historial. Además, tu marido tiene que hacerse una radiografía de los pulmones. Luego convocaremos la comisión y…

—Aún no me he decidido —digo en voz baja.

—¿Qué es lo que no has decidido?

—Si voy a interrumpir el embarazo. Me dijeron que si en dos semanas todavía queda líquido amniótico hay alguna posibilidad…

—¡¿De qué estás hablando?! —ladra la buena mujer, pero inmediatamente se ablanda. Todavía siente lástima por mí. Me mira como si estuviera loca. Como la delirante Ofelia, que entreteje margaritas en su cabello enmarañado, tarareando para sí, en lugar de correr al policlínico local con el formulario de reconocimiento—. ¡O sea, que no lo has decidido!… ¡Que tienes una posibilidad!… ¿Entiendes siquiera qué tipo de vida tendrás si das a luz? ¡Será un discapacitado, totalmente discapacitado, un monstruo! ¡Y estarás tú sola con él! ¡Sabes que los maridos no se quedan mucho tiempo cuando aparecen ese tipo de niños? Ni te lo pienses. Más adelante tendrás uno sano. Bueno, ahora vas a la recepción…

—Sea como sea, si queda líquido, pienso llevarlo a término. Lo sabremos en dos semanas.

—¡Si queda! ¡Dos semanas! ¡No tienes dos semanas! ¡El tiempo corre! ¡En dos semanas ya podría pesar quinientos gramos! ¡Y cuando pesan quinientos gramos, los médicos, por ley, tienen que salvarlos! ¿Lo entiendes? Pongamos que, de todas formas, das a luz: lo van a seguir torturando, intentando resucitarlo, ¡pero hagan lo que hagan será incapaz de vivir! ¿Necesitas pasar por todo esto?

—¿Y si pesa menos de quinientos gramos? —Inesperadamente, es mi otra yo, la que está seria y tranquila, quien se interesa—. ¿Entonces qué?

—Entonces nace muerto —zanja la buena mujer—. Ahora vete a la primera planta, a la recepción, y que te abran el historial.

Voy a la recepción, helada y, en cierta medida, no del todo entera, como un trozo de madera quebrada por el frío. Delante del mostrador de recepción, en un banco, está sentado mi marido.

—¿Y bien? —pregunta levantándose de un salto.

—Tengo que abrirme un historial —respondo estúpidamente.

La benevolente abuela de la recepción introduce mis datos en el ordenador:

—¿De cuántas semanas está?

—De dieciséis.

Me entrega un papel con el que tengo que volver a la consulta de la ginecóloga y un paquete. Es un regalo, contiene una muestra de crema para las estrías, un folleto publicitario sobre maternidad y un pañal.

Miro el pañal. Estoy mucho tiempo mirándolo. Tanto tiempo que mi yo rígida y seria consigue aburrirse y desparecer. Y mi yo abatida y cobarde empieza a llorar. Y le dice al Gran Tejón:

—¡No quiero matarlo!… ¡Quiero que nazca y ponerle este pañal!

El niño que llevo dentro se estremece levemente, como una polilla atrapada en la mano.

—Señora, ¡aquí tenemos a mujeres embarazadas! —interviene en tono de reproche una mujer de bata blanca que hasta entonces nos ha estado mirando en silencio—. ¡Qué maneras son estas…!

El Gran Tejón se interpone entre las dos y me abraza. Me acaricia la cabeza y susurra:

—Vámonos de aquí…

Para esto ha estado sentado aquí, en un banco, dos horas. Para abrazarme y sacarme de este infierno femenino a la fría oscuridad otoñal, donde sí pueden entrar personas de ambos sexos.

Esa misma noche, mis padres, que hasta ahora pensaban que la idea de huir al Charité era absurda, nos llaman y nos dicen que pueden darnos la mayor parte del dinero necesario. También han leído en los foros historias sobre las interrupciones de embarazos ya avanzados. Los amigos prometen prestarnos el dinero que falta. Compramos los billetes de avión en internet. Por alguna sorprendente coincidencia, los más baratos son precisamente para el día que tenemos la ecografía con Malmberg. Decidimos lo siguiente: iremos a la ecografía con las maletas. Si queda líquido amniótico, simplemente perderemos los billetes. Si no queda, nos iremos al aeropuerto directamente desde la clínica. La Tejoncita se quedará con mis padres.

—Por desgracia, chicos, prácticamente no queda líquido amniótico.

Nos dirigimos al aeropuerto en medio de una mezcla de nevisca y barro.

Estamos en el avión. A través de la ventanilla se ve un vacío oscuro y helado. Normalmente me da mucho miedo volar, pero ahora no es así. No me importa si el avión se estrella o no.

Yo ya me he estrellado.

7

Veredicto alemán

En el hospital Charité me recibe el profesor Kalache, una eminencia alemana del diagnóstico por ultrasonidos, especialista en malformaciones intrauterinas. Hablamos en inglés; nos acompaña mi amiga Natasha por si es necesaria una traducción del alemán.

Lo primero que me dice el doctor Kalache cuando entramos a la consulta es:

—Lamento mucho que estén en nuestro hospital por tan triste motivo.

Pasa la sonda por mi vientre y la cara de mi hijo aparece en la pantalla grande. Se chupa el pulgar. ¿Y si la eminencia alemana ahora rechaza el diagnóstico? O no, dirá que el diagnóstico en general es correcto, pero que en su hospital saben cómo tratar estos casos…

—Lamentablemente, no puedo más que confirmar el diagnóstico que le dieron en Moscú. Esta es la enfermedad renal poliquística de tipo infantil o la multiquística bilateral. No hay líquido amniótico. En cualquier caso, el pronóstico de vida es desfavorable. Lo siento mucho de verdad. Este niño no tiene ninguna posibilidad. *This little baby has no chance.*

Lo llama *baby*. En el informe de la ecografía, en la autopsia, mi hijo se llamará *fetus*. Pero cuando las palabras se pronuncian, dirigiéndose a mi marido y a mí, el personal del Charité utiliza solo *baby*. Porque aquí se han hecho investigaciones psicológicas. Nadie, nadie en el mundo sabe si el feto tiene alma. En cambio, las investigaciones demuestran con certeza que para una mujer resulta más fácil cuando a su feto condenado lo llaman *baby* y no *fetus*. No se le niegan cualidades humanas e infantiles.

A fuerza de oír este «*baby*» todo el tiempo, mi marido también comenzará pronto a llamar a nuestro hijo «niño». No porque yo insista, lo hará automáticamente.

—El bebé está boca abajo. Si no le importa, me gustaría ver el cerebro por vía transvaginal —dice el doctor Kalache—. El caso es que estos riñones alterados pueden ser un defecto aislado o parte de algún síndrome. De ser así, veremos alteraciones en el cerebro. Por favor, desnúdese de cintura para abajo. ¿Le importa que su marido y su amiga estén presentes en esta parte de la exploración? Tal vez prefiera que salgan.

—Que se queden. —Me acuerdo del profesor Demídov y de sus quince alumnos.

El doctor Kalache me cubre con una sábana desechable para que no se vea nada de mi cuerpo desnudo y me introduce la sonda en la vagina.

—El cerebro se desarrolla con normalidad —concluye—. Vístase, por favor. Ahora le cuento qué puede hacer a continuación y cuáles son sus opciones.

Y empieza a hablar. Una vez más, atención: el doctor Kalache, uno de los especialistas en patologías fetales más famosos de Alemania, no me redirige a una clínica ginecológica local, a la enfermera ni a ninguna otra parte, sino que, simplemente, me explica con calma y en detalle qué debemos hacer y cómo.

El «plan de actuación» en nuestro caso es bastante claro. El doctor me entrega un informe con los resultados de la ecografía, un diagnóstico y una nota especial a modo de conclusión: «Si la mujer así lo desea, se puede interrumpir el embarazo». Ni yo, una extranjera, ni ninguna alemana de a pie necesitamos permisos adicionales, formularios de reconocimiento ni comisiones médicas que autoricen la interrupción: el diagnóstico del doctor es, por sí solo, razón suficiente. Además, según establece la ley, la mujer tiene tres días para pensar si quiere interrumpir el embarazo o llevarlo a término. Estos tres días no significan que no pueda pensar más, sino todo lo contrario: debe pensar durante al menos tres días. A lo largo de estos, también debe ver a un psicólogo, preferiblemente en compañía de su pareja. Además, la responsabilidad de esta consulta recae en el médico: puede prácticamente perder su trabajo si ignora recomendar a la mujer que acuda a un psicólogo y, en caso de que ella se niegue, por no insistir debidamente. Hay varios psicólogos «especialistas en pérdidas» que colaboran con la sección de maternidad de la clínica, la visita es gratuita. Pero ni el psicólogo ni los médicos tienen derecho a someter a ningún tipo de presión moral a la mujer o a su familia ni a dirigirlos de alguna manera hacia una u otra decisión. Transcurridos tres días, la mujer informa de lo que ha decidido a la clínica.

—Vine aquí específicamente para interrumpir el embarazo si se confirmaba el diagnóstico —argumento—. No necesito pensar tres días ni tampoco un psicólogo. En Rusia los médicos no querrán hacer el seguimiento a un embarazo como este, aunque yo decidiera seguir adelante con él.

—De cualquier modo, tiene estos tres días —responde el médico—. Puede no pensar si no quiere. Pero les recomiendo encarecidamente a su marido y a usted que vayan al psicólogo. Es gratis. No puede empeorar las cosas y tal vez sí hacerlas más fáciles.

—¿Me recomienda ir al psicólogo porque es una norma obligatoria?

—Para una mujer alemana, sí. Pero como paciente extranjera no es necesario que acuda a un psicólogo. Se lo sugiero porque creo que lo necesita.

—Y si fuera alemana… y hubiera decidido proseguir con el embarazo… ¿cómo serían las cosas?

—Le harían el mismo seguimiento que a cualquier otra embarazada. Quizá le practicarían una cesárea si, debido al agrandamiento de los riñones, el tamaño del abdomen del bebé en el momento del parto fuera excesivo y pudiera dañar el canal del parto.

—¿Tiene alguna estadística?… ¿Qué suelen decidir las mujeres en estos casos?

—La mayoría sigue adelante con el embarazo.

—¡¿De verdad?!

—Sí. Es más natural. Tanto en términos psicológicos como fisiológicos.

—Pero… si el niño está condenado…

—Tengo un tío —dice el profesor Kalache— que tiene un cáncer terminal. Está condenado. Pero nadie lo mata de antemano. Morirá cuando llegue su hora.

Inesperadamente, de pronto siento un gran deseo de llevar a término este embarazo, pase lo que pase. Que viva todo el tiempo que pueda, aunque sea en el útero. Salgo de cuentas en mayo. Quizá pudiéramos encontrar alguna forma de quedarnos en Alemania hasta mayo…

—¿Y entonces? Este niño… ¿Intentarán salvarlo?

—Eso será mejor que lo hable con un neonatólogo —responde Kalache—. ¿Quiere que le pida una cita con nuestro neonatólogo?

—Sí. ¿Cuánto costará la consulta?

—No… no lo sé —responde, confundido, el doctor—. No tenemos una lista de precios especial. En el caso de las pacientes alemanas, todo está incluido en el seguro.

Está tenso, se demora unos segundos pensando, luego su rostro se relaja:

—Creo que nuestro neonatólogo estará encantado de examinarla de forma gratuita.

Antes de irme, le hago una última pregunta. No la iba a hacer, pero de alguna manera salta sola de mi boca:

—¿Existe la más mínima posibilidad de que se haya equivocado en el diagnóstico?

El doctor Kalache me responde con las palabras del primer radiólogo que no era especialista. Dice:

—*I'm not God.*

No soy Dios.

Dice que es humano y que puede estar equivocado.

Y entiendo que está absolutamente seguro del diagnóstico.

8

Puede cantarle una canción

La neonatóloga es una joven *frau* de pelo corto castaño y delicados ojos aceituna. Al igual que el doctor Kalache, manifiesta su conmiseración y me tiende la mano para saludarme. Aquí es costumbre estrechar la mano de los médicos.

Por si acaso, Natasha está con nosotros, pero la conversación es nuevamente en inglés. La neonatóloga dice que ha visto los resultados de la ecografía. Lo siente mucho, pero, como el doctor Kalache, cree que nuestro bebé no tiene posibilidades de sobrevivir. No sabe que venimos de Moscú específicamente para el aborto y parece pensar que vivimos en Berlín. Por eso nos informa de que, si decidimos llevar a término el embarazo, sus asistentes y ella estarán presentes en el parto para ayudar al recién nacido, aunque en nuestro caso será solo una formalidad.

—Tiene derecho a exigir medidas de reanimación, pero no le vemos ningún sentido. Hay casos más leves de esta patología, pero el suyo es muy difícil. Dieciocho semanas de embarazo y no hay ni gota de líquido amniótico. Esto significa que los pulmones del bebé no se desarrollarán. Hemos visto a muchos recién nacidos así. Desafortunadamente…

No sobreviven… no sobreviven…

—No sobreviven. Mueren al nacer o unos minutos más tarde. Como máximo, unas horas después, independientemente de que nos esforcemos por salvarlos o no.

—¡¿Y por eso cree que es correcto no intentar salvarlos?!

Sus ojos color aceituna se abren sorprendidos.

—Si de todos modos es imposible salvar al bebé, ¿para qué quitárselo a sus padres y torturarlo con todo tipo de tubos y aparatos de respiración artificial? Tuvimos hace poco un caso triste. El niño nació con el mismo defecto renal que el suyo. No podía respirar. Sus padres insistieron en la reanimación. Cumplimos con su voluntad, pero el ventilador no ayudó al bebé a respirar, simplemente…

Surge un problema. La neonatóloga no sabe expresar algo en inglés. Se dirige a Natasha en alemán y le explica algo rápidamente. La cara de Natasha cambia:

—El aparato… le perforó los pulmones al niño.

—Creo que estuvo mal —prosigue la neonatóloga en inglés—. Que lo torturamos en vano.

—Pero… ¿entonces…? ¿Nosotros cómo…? ¿Cómo será todo? —musita mi marido.

—Nace el bebé y lo dejamos con la familia en una sala aparte. No impedimos que los padres se despidan de su hijo. Pueden estar en esta sala con él todo el día, incluso después de que haya muerto. Pueden vestirlo como quieran, cantarle una canción, fotografiarlo… Si profesan alguna religión, podemos pedir la presencia de un sacerdote de la confesión que corresponda.

—El niño… ¿El niño se…? ¿Se muere directamente en brazos de sus padres? ¿Sin médicos? —pregunto.

—No hacen falta médicos para morir.

Imagino a mi hijo, incapaz de respirar. Lo veo ponerse morado y morir. Mientras, lo visto a mi gusto y le canto una nana: *Duerme La Habana, duerme Atenas, duermen las flores de otoño… Duermen los delfines en el mar Negro y las ballenas en el mar Blanco…*

—Pero esto es terrible —le digo, por alguna razón, a la neonatóloga—. Estar en una sala con un niño muerto…

—Probablemente sea todavía más terrible entregarlo directamente a la morgue. Por lo general, las mujeres quieren estar con su *baby* el mayor tiempo posible.

Al despedirse pregunta cuándo vamos al psicólogo.

—No queremos ver al psicólogo —respondo—. El psicólogo no va a ayudar a que sus pulmones se abran.

—El psicólogo es necesario para ayudarla a usted, no al niño.

Sonrío.

—El psicólogo no va a ayudar.

Nadie me puede ayudar.

9

La elección. Tres días extraños

Alquilamos un apartamento turístico con cocina, dormitorio y salón en la Spenerstraße, una tranquila calle burguesa decorada con guirnaldas navideñas. El casero pregunta si lo estamos pasando bien y nos estamos divirtiendo en Berlín. Respondemos amablemente que sí, que todo está bien. En realidad, preferiría pasar estos días en la cama, inmóvil, de cara a la pared. Pero no me lo permiten. Todas las mañanas Sasha me levanta de la cama y me obliga a comer algo. Todos los días viene Natasha y nos lleva a dar un paseo por la ciudad. Por todas partes hay guirnaldas, farolillos, galletas de jengibre, árboles de Navidad y vino caliente. Vagamos por las calles heladas, entramos en cafés y bares. Bebo vino caliente porque ya no importa. Porque estos niños no sobreviven. Y también porque siento que le gusta el vino caliente. Cuando bebo vino caliente con especias, se mueve alegremente en mi interior. Así, en su corta vida —allí, en la oscuridad de mi útero, del cual nunca saldrá a la luz ni al aire— al menos tendrá una experiencia agradable.

A veces lloro. Pero, en general, esta extraña ciudad prenavideña produce una sensación de irrealidad en lo que está sucediendo. Es como si fuera la protagonista de un melodrama barato. Como si todo esto no fuera conmigo; como si estuviéramos, simplemente, en una película.

Por la noche, cuando Natasha se va a su casa y mi marido se mete en la cama, la película termina y yo salgo de ella para encontrarme en el confort burdelesco de este salón de Berlín. Entonces lloro de verdad. Y leo los foros sobre interrupciones del embarazo. Y sobre el hecho de que después de un aborto tardío, no siempre es posible volver a quedarte embarazada, e incluso si lo consigues, las malformaciones tienden a repetirse. También leo sobre el hecho de que, después de esto, la gente a menudo se divorcia…

A lo largo de estos tres días, sorprendentemente, sigo dándole vueltas. Me debato entre interrumpir el embarazo y seguir con él.

Quiero seguir. Porque no quiero matar al pobre Minitejón. Porque quiero regalarle veinte semanas más de vida. Porque no quiero ir al hospital. Porque seguir es más natural y correcto desde el punto de vista fisiológico. Porque tengo miedo a las complicaciones. Porque la interrupción puede ir mal. Porque corro el riesgo de perder mucha sangre, la salud, el útero, la capacidad de tener hijos.

Quiero interrumpir el embarazo. Porque no sé si se siente bien ahí dentro o si sufre. ¿Acaso puede estar bien con unos riñones cinco veces más grandes de lo normal? Quiero interrumpir el embarazo porque tengo miedo de volverme loca si esta situación se prolonga varios meses más. Si tengo que dar a luz y verlo morir. Y luego vestirlo, abrazarlo, enterrarlo. Comprar un ataúd en lugar de una cuna. Quiero interrumpir el embarazo porque en Rusia, en una institución para mujeres en la que los hombres no pueden entrar, llevar adelante este embarazo será un infierno y no podemos quedarnos en Alemania otras veinte semanas más. Quiero interrumpirlo para que todo esto se acabe de una vez por todas.

Intento involucrar a Sasha en la decisión y él, dócil, camina conmigo en círculos, ponderando una y otra vez todos los pros y los contras. Intenta no presionarme, dice que aceptará mi decisión, cualquiera que sea, pero cuando valoramos la opción de continuar, desvía la mirada para que no vea el pánico en sus ojos.

En la mañana del tercer día, con la luz cenicienta de diciembre que se filtra por las rendijas de las persianas, por alguna razón, llega la claridad. Entiendo que la agonía tiene que acabar. Interrumpiré el embarazo. Para eso hemos venido.

Se lo digo a Sasha, que se muestra claramente aliviado.

Le pido a Natasha que se ponga en contacto con el Charité para trasmitirles que hemos tomado una decisión. Llama y nos dice que se han comprometido a fijar una fecha para la interrupción en los próximos días. Al mismo tiempo, nos piden a mi marido y a mí que acudamos, de todas formas, a una consulta con el psicólogo en el ínterin.

Creo que un psicólogo me hubiera sido útil el día que no fui capaz de encontrar la salida del Centro de Obstetricia y Ginecología de la calle Oparin. O al día siguiente. Incluso una semana después. Ahora no tiene ningún sentido.

Pero accedemos. Después de todo, es un gesto muy amable por su parte. Incluso curioso en cierto modo.

10

La psicóloga del espacio interestelar

La psicóloga, una holandesa de cuarenta años que se mudó a Berlín en su juventud, me da la razón casi de inmediato:

—Veo que ya ha pasado por la etapa más difícil, en la que mi ayuda le hubiera sido de mayor utilidad. ¿Le atendió algún psicólogo en Rusia?

Me da la risa.

—¿He dicho algo raro?

Me vuelve a la memoria el profesor Demídov, sus quince alumnos y una servidora allí tumbada sin bragas. Recuerdo la recomendación de dirigirme a la clínica ginecológica local. Recuerdo al guardia de seguridad con el suéter gris. Y a la buena mujer de la consulta que me propone «tener otro», garantiza que un rayo no cae dos veces en el mismo sitio y me pide que corra urgentemente, de inmediato, al policlínico del distrito con un formulario de reconocimiento. Oculista, dentista y otorrinolaringólogo.

—No, no me atendió ningún psicólogo en Rusia.

—¡¿Rechazó sus servicios?!

—No me los ofrecieron.

—Qué extraño. —La holandesa me mira con incredulidad—. *I am really surprised.* ¡Es una práctica estándar!

—No en nuestro país —dice mi marido.

La psicóloga asiente con un gesto de complicidad. En Marte no es una práctica estándar, no hay nada que discutir. Los extraterrestres tienen sus propias costumbres.

—Voy a describirles cómo se desarrollará el procedimiento de interrupción —nos dice—. Es importante que conozcan algunos detalles de antemano y estén preparados. Le facilitará las cosas. Es probable que le administren una inyección a través de la pared abdominal y la pared uterina, bajo control ecográfico, antes de que empiecen las contracciones.

—¿Para qué?

—Para el niño. Por razones humanitarias.

De repente comprendo lo que quiere decir y me quedo petrificada. «Terror paralizante» es un cliché estúpido, pero en este caso no hay una expresión más apropiada. Siento un terror paralizante. El niño empieza a dar vueltas, nervioso, ahí dentro, en mi interior, detrás de la pared abdominal y de la pared del útero.

—¿Qué clase de inyección será?

—Un veneno —responde la psicóloga con calma—. De acción instantánea. A usted no le afectará. De este

modo el niño no sufrirá nada durante el parto. Y además… en esta etapa de su embarazo existe una probabilidad muy pequeña, pero real, de que sin la inyección
su hijo nazca vivo. Veo que les cuesta oír esto. Entiendan que esta inyección evitará que el bebé sufra. Hay
algunas cosas más que es mejor que sepan de antemano.

Dice que se me ofrecerá la opción de recoger el cuerpo del niño sin autopsia, después de la autopsia o de
no recogerlo en absoluto. Nos aconseja, en cualquier
caso, permitir la autopsia, eso ayudará a confirmar o a
aclarar el diagnóstico y a establecer protocolos de actuación para futuros embarazos. En esta etapa de nuestra
conversación, enmudecida por el espanto, por suerte
me veo completamente reemplazada por mi otra yo, la
tranquila y equilibrada, por lo que coincido con la psicóloga con bastante calma: sí, ciertamente tiene sentido
la autopsia.

—Piense si querrá llevarse el cuerpo o dejarlo en el
hospital.

Imagino una situación macabra. Imagino que trasla-
damos el pequeño cuerpo de Berlín a Moscú, cruzando
la frontera. Lo empaquetamos con esmero. ¿Qué lleva
en su maleta, señora?… Parece un bebé… La normati-
va prohíbe viajar con bebés en la maleta…

—Será difícil que nos lo llevemos —dice mi marido—. ¿Qué harán con él si lo dejamos en el hospital?

—Lo enterrarán —responde la psicóloga—. No supone ningún coste añadido, es un gasto asignado de
antemano al presupuesto del hospital. Pero… tiene su

particularidad. Será una fosa común. A estos bebés los entierran cada pocos meses, juntos, en un ataúd común. Habrá un sacerdote. ¿Es importante para ustedes la presencia de un sacerdote?

—No.

—Bueno, habrá uno de todos modos. Dos semanas antes del entierro, se les notificará la fecha y hora exactas. Pueden asistir a la ceremonia si quieren.

—En un ataúd común —repito mecánicamente.

La psicóloga asiente.

—Cuando me enteré, yo también estaba horrorizada. Pero luego pensé: ¿y si estuvieran mejor así estos niños? ¿Y si así les resultara menos aterrador? Al menos ahí no estarán solos… Soy agnóstica y no sé si hay vida después de la muerte ni cómo será. Pero pensé: si después de todo hay algo más allá, quizá estos niños se mantengan unidos. Tal vez estén allí, ya saben… jugando juntos…

No sé si habló con sinceridad ni si aquella fue una respuesta profesional, pero más tarde recordé muchas veces sus palabras, por muy absurdas que parecieran, y siempre fueron un consuelo. Incluso ahora me consuelan.

Tal vez estén allí jugando juntos.

No están solos.

—¿Tiene más hijos? —pregunta la psicóloga.

—Sí, una hija.

—¿Qué edad tiene?

—Ocho años.

—¿Sabe lo que está pasando?

—Sí.

—Cuando vuelvan, les hará preguntas. Querrá saber cómo ha sido todo.

—Sí, lo sé. ¿Cómo respondo debidamente? No quisiera mentirle.

—No mienta. Ahórrese los detalles escabrosos, pero cuéntele la verdad. Lo único... no le diga que se ha estado debatiendo entre interrumpir el embarazo y proseguir con él. Dígale simplemente que el bebé no sobrevivió, especialmente porque en su caso es cierto, a diferencia de, digamos, situaciones en las que una mujer decide interrumpir un embarazo por el síndrome de Down. Sea como fuere, si la niña descubre que ha habido algún tipo de elección, dejará de sentirse segura. Podría parecerle, por ejemplo, que no debe ponerse ya nunca más enferma; de lo contrario, podría ser la siguiente...

La psicóloga se vuelve hacia las estanterías que tiene detrás.

—Por lo general aconsejo literatura sobre el tema, pero, por desgracia, aquí todo está en alemán... Probablemente en Rusia haya libros que aborden cómo hacer frente a la interrupción del embarazo en una etapa avanzada.

—No hay libros así en Rusia —respondo—. Al menos yo no los encontré.

Miro las estanterías y, en ese momento, por primera vez se me ocurre que yo misma debería escribir un libro así en ruso. Inmediatamente descarto esta idea por blasfema. Estamos en plena tragedia. No es momento para libros.

—Es una lástima —dice— que no haya literatura útil. En cualquier caso, cuando regrese a Moscú después de la interrupción, definitivamente tendrá que ir a sesiones de terapia grupal con mujeres que, como usted, hayan perdido al niño en un estado avanzado. Debería acudir al menos seis meses. Es muy importante compartir experiencias.

Apenas puedo contener una risita idiota y completamente inapropiada en esta situación:

—No hay sesiones de grupo como estas.

—Pero… ¡es una práctica estándar! Tal vez no esté al tanto. Por lo general, estos grupos se encuentran en hospitales de maternidad o en clínicas ginecológicas…

Niego con la cabeza en silencio. La psicóloga está tratando de entender todo esto. Marcianos… ¡Qué se le va a hacer!

Finalmente, cuando ya nos está acompañando a la salida, dice:

—Es absolutamente necesario verlo.

—¿A quién?

—Al niño. Cuando nazca.

—¡¿Para qué?!

—Para despedirse de él. Para que no haya sentimientos de culpa.

Mirar el resultado del aborto para que no haya sentimientos de culpa. Vaya, parece que, después de todo, los marcianos son ellos.

—De ninguna manera —le respondo—. Es terrible. Si lo miro, se me aparecerá en sueños el resto de mis días.

—No, no lo hará. —Se vuelve hacia Sasha—. ¿Usted tampoco lo piensa mirar?

—No lo sé. No lo he pensado. ¿Qué sentido tiene?

—Despedirse de él —repite—. Sean como sean las circunstancias, es su niño. Si no lo mira, se arrepentirá mucho.

Salimos a la calle, a los faroles y guirnaldas navideñas. A los belenes con figurillas de los Reyes Magos, la Virgen María y el Niño Jesús de los escaparates. Caminamos y yo repito sin parar que no voy a mirarlo, no quiero y no voy a mirar al niño.

—No te preocupes, nadie te va a obligar —me dice Sasha.

—Y tú… ¿piensas mirarlo?

—Tal vez —contesta contemplando la diminuta figura del bebé que descansa en el pesebre al otro lado del vidrio—. Aún no lo he decidido.

II

Invitación a la ejecución

Finalmente fijan la fecha de la hospitalización. El día que llegamos al Charité llevo ya veinte semanas de gestación. Es exactamente la mitad del embarazo. El «ecuador», lo llaman. De acuerdo con las páginas web de «futuras mamis», este es el momento de empezar a «relajarse, calmarse, disfrutar del embarazo y anticipar el encuentro con el bebé».

Mi ecuador es, sin embargo, la línea de meta. Aquí es donde todo termina. No habrá ningún encuentro.

Llegamos los tres: mi marido, Natasha y yo. En el vestíbulo del hospital buscamos la máquina expendedora de calzas y no la encontramos. Subimos a la sala de maternidad con botas, dejando en el suelo húmedas huellas de color beige. De las paredes del pasillo cuelgan imágenes de bebés mofletudos. Al otro lado de las puertas cerradas se oyen los llantos de los recién nacidos. Intento no mirar las paredes ni escuchar ningún sonido. Me miro los pies. Intento pensar solo en el hecho de que no llevo calzas y que es antihigiénico. Lo primero que le digo a la empleada de la sala de espera es:

—Disculpe, llevamos los zapatos sucios. No sabíamos dónde comprar estos…

—¿Y qué? —se asombra la empleada—. Las condiciones de esterilidad son solo para la sala de cuidados intensivos. Aquí se puede llevar ropa y calzado normales.

Nos conducen a mi habitación prenatal. Es doble, pero me prometen que no pondrán a otra parturienta: «No sería ético». La habitación es bastante espaciosa: hay dos camas convertibles (en caso de necesidad se transforman en sillas de parto); detrás de cada una de ellas hay unos aparatos complejos con muchos cables y luces, una mesa con sus sillas, una tetera eléctrica y una ducha con inodoro. En la esquina hay un cambiador de pañales. Le retiran rápidamente la parte superior y se convierte en una cómoda normal. En la pared hay un botón para llamar a la matrona en caso de urgencia.

Nos dicen que hasta las once de la noche me puede acompañar en la habitación cualquier persona, pero los invitados se tienen que marchar por la noche.

—¿Mi marido también?

—Sí, su marido también. Al menos esta noche. Le darán una pastilla esta tarde para prepararla para el parto, pero es poco probable que el parto en sí tenga lugar antes de mañana. Sin embargo, si de repente todo empieza esta noche, llamaremos a su marido para que venga de inmediato. No se preocupe, estará presente en el parto.

La idea de pasar la noche sola en esta habitación con camas convertibles y un cambiador de pañales que pretende ser una cómoda me entristece tanto que me dan ganas de llorar. Las noches se me hacen más duras que los días. Por la noche me tumbo de costado, porque dormir boca abajo a las veinte semanas es incómodo (o no tan incómodo, quizá tengo un miedo instintivo a aplastar al niño), me abrazo la barriga con una mano (¿dónde pongo la mano si no?), y lo noto estremecerse ahí dentro, en la oscuridad. Yo también estoy tendida en la oscuridad, la oscuridad está dentro y fuera de mí, es como si estuviéramos los dos juntos bajo el agua, bajo la tierra, como si compartiéramos una misma tumba. Y sé que hoy se repetirá una vez más. Me acostaré de lado para que esté cómodo. Es cierto, tengo intención de deshacerme de él mañana, pero hoy debo tener cuidado para no aplastarlo. Tiene que estar cómodo dentro de mí esta noche.

—¿A qué hora puede venir mi marido por la mañana? —le pregunto a la enfermera mientras me repito que no tengo por qué dormirme, que simplemente puedo no dormir, no dormir durante toda la noche hasta que él llegue…

—Necesita descansar bien esta noche. —La enfermera parece leerme la mente—. ¿Es realmente tan importante para usted que su marido se quede?

—Sí.

—Pues que se quede. Si quieren, pueden mover las camas para dormir juntos —dice señalando con la mirada la cama convertible libre—. Pero, en cualquier caso, su amiga no puede quedarse a pasar la noche. Y tampoco le daremos de cenar a su marido.

—No pensaba quedarme —responde Natasha.

—No necesito cenar —dice mi marido.

—Es importante alimentarse bien —le indica la enfermera a mi marido—. Debería buscar una cafetería. Y usted también. —Se vuelve hacia mí—. Ahora hablará con los médicos y le darán la pastilla. Salga después, relájese. En los alrededores hay muchas cafeterías agradables.

Es difícil decir qué es lo que más me asombra: si la propuesta de mover las camas para dormir juntos o la de ir a una cafetería para relajarnos.

—Eh… ¿de verdad podemos salir a una cafetería? —pregunta mi marido.

—¿Y por qué no? —se sorprende la enfermera.

—Bueno, esto es un hospital.

—¿Y qué? Hoy no tenemos programada la intervención. —En su rostro asoma un sincero desconcierto.

—¿Cuándo deberíamos estar de vuelta?

—Cuando quieran.

—Quiero decir: ¿hasta qué hora nos dejan entrar por la noche?

—Esto no es una cárcel, es un hospital. Se puede entrar las veinticuatro horas del día. Ah, y si le gusta leer, tenemos una biblioteca. Puede coger cualquier libro en inglés. Alguna novela policíaca. Para distraerse.

Cuando sale la enfermera, mi marido pregunta:

—¿Entonces? ¿De verdad vamos a ir a una cafetería?

—No lo sé —respondo.

—Ya que nos dejan, deberíamos ir —dice Natasha riéndose. En general suele reírse mucho. Tiene una risa bonita.

—Venga, pues vamos.

De repente, durante unos pocos segundos de felicidad, olvido por qué estoy aquí. Por qué estamos aquí los tres. Es como si estuviéramos en un campamento juvenil en un cambio de turno. Dos chicas y un chico. La hora de la siesta se cancela, podemos saltar sobre los somieres de muelles o incluso salir del campamento.

Si una mujer decide interrumpir un embarazo avanzado en Rusia, tiene que estar ingresada en el hospital al menos una semana, dos incluso. Y nadie, ni su marido, ni su madre, ni su hermana, ni su amiga, nadie puede acompañarla por la noche. Tampoco durante el día. Ni por todo el dinero del mundo. Y, por supuesto, no le ofrecerán ir a una cafetería, es que ni se les pasaría por la cabeza. Si ha ido al hospital a matar a un niño nonato, su obligación es sufrir. Tanto física como moralmente. Juntar las camas, sentarse en una cafetería, las consultas con psicólogos, las novelas policíacas en inglés, cualquier forma de aliviar el alma dolida, aunque sea un momento: todo esto es obra del demonio, como la anestesia epidural. Así piensan las enfermeras en Rusia. Así piensan los médicos. Así piensan los funcionarios. Así piensan las mujeres en las redes sociales. Y, algo todavía más interesante: así pienso yo misma… Es decir, no es que lo piense, sino que lo siento así. La perspectiva de juntar las camas en el hospital me confunde. Y la cafetería también. Y la epidural. Y la biblioteca. ¿No será demasiado cómodo? ¿No será demasiado cobarde ante este niño del que me van a librar aquí?

Sin embargo, aquí la gente no piensa así. Aquí es costumbre aliviar el dolor, tanto el espiritual como el físico, empleando todos los medios disponibles. Y cuando al día siguiente, ya en pleno parto, intente rechazar la epidural, el médico me dirá que la epidural está incluida en el precio y no hay que pagarla aparte, y cuando le responda que no es una cuestión de dinero, me replicará con lo que para él será solo una frase común y para mí, toda una revelación: *There is no reason why you should be in pain*. No hay ninguna razón para sentir dolor.

En realidad, precisamente en esta frase —pronunciada de manera automática, como algo que se sobrentiende, y no como una cuestión médica ni relativa a la calidad de los servicios pagados y gratuitos— es donde radica la principal diferencia entre el hospital Charité y el hospital de enfermedades infecciosas de Sokolínaya Gorá. Esta es la diferencia entre las clínicas europeas y los hospitales rusos. Entre las enfermeras, los médicos, los funcionarios, las señoras y los señores de

Europa y de Rusia. Sencillamente, unos están convencidos de que no hay razón por la que sufrir. En cambio, los otros están convencidos de que el dolor es la norma.

Estamos moviendo las camas, precisamente, cuando en la habitación entra un médico: turco o iraní, de mediana edad, con pinta de spaniel triste. Como de costumbre, me estrecha la mano, hace preguntas (sobre todo relativas a mi primer parto) y rellena unos papeles. Me informa de que no asistirá directamente en el parto, sino que estará solo la matrona.

—¿Cómo que solo la matrona? —pregunto asustada.

—Si algo va mal, por supuesto que vendré —dice—. Pero un parto normal y sin complicaciones lo atiende la matrona, es la práctica habitual.

—Es que este no es un parto normal —insisto—. No hay partos normales a las veinte semanas.

—Por desgracia, en este parto no nacerá un bebé vivo —aclara el médico—. Sin embargo, desde el punto de vista fisiológico, lo más probable es que no difiera del habitual. Más aún cuando no es su primer parto.

—Pero… ¿y si empiezo a perder sangre?

—Detendremos la hemorragia.

—¿Y si la placenta no sale del todo? Es posible que en una etapa tan temprana no salga.

—¿Es usted médico?

—No. Solo he leído al respecto.

—Sí, existe ese peligro —asiente—. Depende de la suerte que tengamos. En este momento del embarazo, a veces sucede que el cuello uterino se abre y todo sale a la vez, tanto el bebé como la placenta entera. En ese caso no interferimos con el proceso natural. También puede suceder que algunos fragmentos queden dentro. De ser así, realizamos… *some surgery.*

Some surgery, «cierta intervención quirúrgica», así es como lo llaman. Cualquier cosa es mejor que «limpiar» o «legrar». No quiero que me hagan un legrado y me limpien. *Some surgery* suena más abstracto.

—En Rusia, suceda lo que suceda, se practica *some surgery* siempre en partos a estas alturas de la gestación.

—¿Para qué? —El médico está asombrado—. Es malo para la salud de la mujer.

—Por seguridad. Para que no quede nada.

—Para eso están las ecografías —responde con un suspiro triste y sus ojos se transforman por completo en los de un spaniel. Su especialidad son los partos. Parece lamentar de veras que esta vez no vaya a haber nadie a quien recibir, que el bebé no vaya a vivir.

Después del médico viene el anestesista, un apuesto ario, alto y con ojos transparentes e indiferentes, como una versión adulta de Kay, el personaje de *La Reina de las Nieves.* También rellena un cuestionario (alergias, enfermedades cardíacas, etc.) y me explica lo que es una epidural, así como la anestesia general (en caso de que «algo vaya mal»). Me enseña una foto de una intubación. Al despedirse, me da la mano, en un movimiento breve y mecánico, y expresa su compasión: «Es una lástima que nos conozcamos en circunstancias tan tristes». Le da igual y no lo esconde. Su especialidad le viene muy al pelo: hacer que la gente quede insensible un tiempo...

Después del anestesista aparece una representante de la comunidad protestante: una mujer seca y de nariz afilada con un vestido oscuro y serio, parecida a un cuervo flaco. Huele a perfume de señora pesado y a algo rancio, tiene los dedos helados, unos dedos muy tenaces. Pone cara de tristeza y me estrecha la mano un buen rato, resulta repulsivo. Finalmente, pregunta si queremos algún ritual especial para el «pobre niño» y si nos hace falta un sacerdote. Cuando le hacemos saber que no es necesario, vuelve a agarrarme la mano, que tarda mucho tiempo en soltar.

La última en llegar es la matrona de guardia. Me trae la pastilla. Esa que debe «prepararme para el parto» (mifepristona, como descubriré más tarde leyendo el informe médico). Es solo una pastillita blanca, de lo más común, de apariencia total y absolutamente inocente. Cuando me la tome, empezará a matar a mi niño...

—Esta pastilla... ¿cómo funciona?

—Es hormonal. Engañará al cuerpo. Hace que el cuerpo crea que ha llegado el momento del parto.

—Pero ¿no matará al niño?

—No. No lo matará. Para eso hay una inyección especial.

—¿Pero la inyección no es hoy? ¿Es mañana?

—La inyección es mañana —confirma la matrona—. Hoy solo esta pastilla.

En cierta medida me siento aliviada. La inyección no será hoy. Hoy solo toca una pastilla que no lo matará.

Cojo la pastilla. Me tiemblan las manos.

—¿Puedo no tomármela ahora? ¿Puedo esperar quince minutos?

—Claro —contesta la matrona—. Pero tendrá que venir a la sala de médicos y tomarse la pastilla delante de mí. Soy la responsable de esto.

Miro la hora y me siento con la pastilla en la mano. No lo matará. La pastilla no lo matará. Mi niño estará conmigo hasta mañana. Se estará moviendo. Me tomaré la pastilla, pero aun así se seguirá moviendo. Iremos a la cafetería, pediré algo dulce, le gusta el dulce, el cacao o el vino caliente…

Pasados quince minutos me presento en la sala de médicos. Me tomo la pastilla con un vaso de agua. La matrona lo anota en mi historial.

Después vamos a la cafetería y me tomo un vino caliente. El niño se mueve. Le gusta el dulce, se siente bien. No sabe que esto es una despedida.

Por favor, que esté bien. Que no sufra.

12

Adiós, adiós

En el segundo trimestre, por motivos fisiológicos —la forma y la ubicación del útero—, es imposible realizar una cesárea. Es decir, el embarazo no se puede interrumpir quirúrgicamente con anestesia general. Es cierto que se practica una «pequeña cesárea» cuando al útero no se accede a través de la cavidad abdominal, sino a través de la vagina y los labios genitales, pero este método tiene grandes probabilidades de causar infertilidad de por vida y solo se recurre a él en caso de emergencia, si «algo sale mal». Así pues, va a ser un parto. Debo estar consciente. Tengo que pasar por tres etapas: dilatación cervical, empujar deliberadamente y expulsar el feto.

En sus páginas web, las «futuras mamis» declaran que los dolores del parto no son nada en comparación con la felicidad que se siente cuando finalmente ves a tu «nene».

Yo no veré a mi nene. No quiero verlo. No quiero que esa criatura fea, mal formada, inocente y mortificada se me aparezca más tarde en interminables pesadillas. Se lo advierto a todos —a Natasha, a mi marido, a las matronas, a los médicos—: no quiero, no quiero mirarlo bajo ningún concepto. Cuando todo termine, que se lo lleven enseguida y yo cerraré los ojos. Natasha, tradúceselo, por favor. En caso de que de pronto no entiendan el inglés.

Lo comprenden. Dicen: «De acuerdo, todo será como usted diga. Pero no es buena idea. Debería mirarlo».

—No quiero, me da miedo mirarlo —le digo a Sasha—. ¡Es terrible! ¡Prométeme que no tendré que hacerlo!

—Te lo prometo. Nadie te va a obligar.

—¡¿A ti no te da miedo mirarlo?!

—No, An. No me da miedo. Tengo miedo a cosas completamente diferentes.

—¿A qué?

—Complicaciones. Hemorragias. Bueno, ya sabes...

Por alguna razón, yo no temo tanto a las complicaciones. Tengo miedo a mirarlo. Y también tengo miedo a la inyección mortal.

Doce y media de la mañana. Estamos sentados en la habitación: mi marido, Natasha y yo. El proceso de inducción del parto empezó hace media hora. La metodología es muy sencilla: una pastilla de misoprostol por vía vaginal cada tres horas. La matrona la introduce de forma rápida e indolora, en mi propia habitación, ni siquiera tengo que sentarme en la silla ginecológica.

—Esperamos que con esto sea suficiente y después de la tercera o la cuarta pastilla empiecen las contracciones.

—¿Y si no empiezan?

—Hay otros métodos de inducción. Pero, por lo general, las mujeres responden bien a este medicamento.

—¿Y cuándo será la inyección... con el veneno?

—¿Le da mucho miedo la inyección?

—Sí.

—Le preguntaré al médico.

«Respondo» incluso mejor de lo que esperan. Las contracciones leves llegan después de la primera pastilla. Después de la segunda, a las tres, se vuelven regulares. Me ofrecen una epidural, pero el dolor es soportable, así que la rechazo. Me dicen que, si me ayuda a estar más tranquila, pueden cancelar la inyección letal. Han comparado el peso estimado del feto y la intensidad de las contracciones y han llegado a la conclusión de que el bebé morirá rápidamente por sí solo.

Accedo aliviada, sin preguntar lo dolorosa que será la muerte. Lo dejé «morir por sí solo» —como si esto fuera el curso natural de las cosas, como si yo no participara en ello— y todavía no me lo puedo perdonar. No me di cuenta entonces de lo que había hecho. Fue mucho más tarde, cuando finalmente tuvimos el informe de la autopsia (en el Charité el procedimiento es largo) y Natasha, titubeando, me tradujo la causa de la muerte: «hemorragia cerebral masiva».

Después de la tercera pastilla, a las seis, llega el verdadero dolor. En la mesita de noche que está al lado de la cama hay un perro de peluche y una suricata, los talismanes que me dio mi hija, pero no me ayudan. Acepto la epidural y, en un par de minutos, el anestesista de mirada fría llega a la habitación. Me conectan a un dispositivo que controla la tensión arterial y el pulso (en los partos normales con epidural también monitorizan el latido del corazón del feto, pero en nuestro caso a nadie le preocupa). El anestesista, al que he decidido llamar Kay, me frota la espalda con algo helado. Ahora tiene que pinchar la columna vertebral con una aguja, para lo que tengo que estar quieta, inmóvil. Pero no puedo estarme quieta. Me retuerzo por las contracciones y tiemblo de miedo. Ni las palabras ni las caricias de Sasha, ni la respiración correcta, ni el sedante, ni las promesas de Kay de que solo sentiré un ligero «bzzz, como la picadura de un mosquito», nada ayuda. Entonces el indiferente Kay se saca de la manga un truco asombroso:

—Estuve en Moscú cuando era niño —me dice en inglés—. Recuerdo Moscú como una ciudad con muchos monumentos. Hace tiempo que le doy vueltas: ¿cuántos son? ¿Puede decirme aunque sea el número aproximado de monumentos que hay en Moscú?

En mi caso, romper de este modo el curso de los hechos es un excelente método de distracción. Me tiene estupefacta su crueldad (¡¿qué demonios pintan los monumentos en un momento tan terrible?!); pero, no obstante, mientras intento, educada, calcular un número y averiguar lo que este tipo entiende por monumentos, consigue clavar la aguja en el lugar indicado. Inmediatamente pierde todo interés por los monumentos de la capital rusa. Y el dolor desaparece. Rápido y casi por completo.

Sigo notando las contracciones, pero esto ya no es dolor, sino una sombra del dolor. Tengo las piernas ligeramente entumecidas, como si me hubiera sentado sobre ellas mucho tiempo. Kay me dice que, si quiero, puedo caminar, pero solo con apoyo. Lo mejor, de todas formas, es quedarme sentada o acostada.

—Haga algo para entretenerse —me aconseja—. ¿Tiene un ordenador? Perfecto. Vea una película.

De nuevo me sorprende su crueldad. En ese momento Kay se va, la matrona comprueba mi tensión arterial y también sale. Sasha se queda dormido, instantáneamente y sin previo aviso, como si lo hubieran desenchufado de la red eléctrica (siempre me ha asombrado su capacidad para desconectar en situaciones estresantes). Natasha y yo nos quedamos un rato en silencio mirando el gotero y luego ella dice:

—A lo mejor no es mala idea intentar ver algo…

En el Charité no hay internet y es imposible descargar ni ver nada en línea. Resulta que la única película que tengo en el portátil es *Los tres mosqueteros,* con Mijaíl Boyarsky, que tiempo atrás descargué para mi hija.

De modo que ahí estamos Natasha y yo, sentadas en un sillón del hospital alemán Charité, yo con mi gotero, dando a luz a un niño que jamás va a respirar, a nuestro lado su padre, durmiendo como un tronco, y nosotras viendo *Los tres mosqueteros,* donde todos se pelean, se enamoran y cantan. Más tarde resultará que, desde aquel día y para siempre, *Los tres mosqueteros* será la película más aterradora que haya visto en toda mi vida y nunca más la volveré a ver. La canción que dice «es hora, es hora de regocijarnos» y «adiós, adiós, meciendo las plumas del sombrero» me parece la canción más espeluznante del mundo y nunca más podré escucharla; quitaré el sonido si la reproducen en Radio Infantil, saldré de la habitación si alguien la canta. Para mí es una canción sobre cómo mueren los niños sin nacer y con ellos muere toda la felicidad en el mundo; para mí es una canción sobre cómo tus deseos le importan un bledo al destino, para mí esta es una canción sobre mi pequeño diciéndome «adiós»...

Pero todo esto vendrá después. Ahora simplemente estoy mirando la pantalla y casi me quedo dormida, casi olvido por qué estoy aquí. Y luego, de repente, en un instante, lo recuerdo. Porque en medio de la modorra, en medio de los sombreros de plumas en la pantalla, a través de la anestesia, a través de mi vientre entumecido, de pronto siento que algo dentro de mí se desgarra y deja de vivir. En mi interior está la muerte. Está caliente, resbaladiza, roja, se mueve rítmicamente dentro de mí, como en un baile, quiere romperme y salir.

«Estoy dando a luz», le digo a Natasha, y aprieto el botón para llamar a la matrona.

Después todo sucede como en un teatro. Como si todos hubiéramos ensayado la escena más de una vez. La matrona aparece al momento en la habitación y se coloca a mis pies con una bandeja y una mantita. Sasha se despierta, se levanta de un salto y se pone al otro lado de la cama, detrás de mí, acariciándome la cara. Natasha se hace a un lado y nos mira. Aún no tiene hijos, no quiero que vea un parto así. Consigo pedirle que se dé la vuelta, y lo hace, mientras yo siento que la muerte fluye por mis piernas y empiezo a gritar. No de dolor. De miedo.

Más allá de mi propio grito oigo a la matrona hablar en alemán y a Natasha, que me da la espalda, traducir, muy tranquila y en voz baja. Dice que ya se va a acabar todo. Que se acabará muy pronto. Pero para eso tengo que dejar de gritar. Tengo que exhalar, luego inspirar, exhalar de nuevo y empujar. Pero no hace falta gritar. No hace falta gritar.

Escucho la voz de Natasha, inspiro, espiro. La muerte nace con el primer empujón, en silencio. Y con ella mi niño. No grito y él tampoco grita. Tengo los ojos cerrados. Él, probablemente, también.

—Ha salido todo, incluida la placenta —dice la matrona, a la que, de algún modo, entiendo antes de que Natasha me traduzca—. ¿Quiere ver al niño?

—No, no quiero.

Noto que la matrona, rápida y hábilmente, recoge y envuelve en la mantita aquello resbaladizo y húmedo que se encuentra entre mis piernas y se está enfriando rápidamente —la muerte, la placenta y el niño muerto—, todo aquello que salió de mí. Con la misma habilidad me pone unas bragas impermeables.

—Se está equivocando —dice la matrona y de nuevo la entiendo sin traducción—. Llevo trabajando aquí veinte años. He visto a muchas mujeres como usted. Las mujeres que se niegan a mirar al niño pierden la paz para siempre. Vuelven pasados unos meses, años quizá, preguntan y lloran, quieren ver a su hijo, pero ya es demasiado tarde.

—No quiero verlo.

—Como prefiera. Ya puede abrir los ojos.

Abro los ojos y la matrona sale con la bandeja y un bulto.

—¿Lo has visto? —le pregunto a Sasha.

—No, se lo han llevado tan… rápido.

—¿A dónde se lo han llevado?

—No lo sé.

—¿Sabes a dónde se lo han llevado, Natasha?

Tampoco lo sabe.

Me entra pavor. Porque se lo han llevado todo envuelto por los pasillos del hospital a un lugar frío y desconocido.

Porque nos lo quitan para siempre.

La matrona vuelve sin el bulto, me dice algo, pero ya no entiendo su lengua.

—Ahora te van a hacer una ecografía —traduce Natasha—. Quieren asegurarse de que no ha quedado nada en el útero.

Intento levantarme, pero la matrona me hace un gesto para que me vuelva a tumbar, boca arriba y con los brazos cruzados sobre el pecho. No me gusta la postura, parece la de un muerto. Meto las manos detrás de la cabeza, pero la matrona se acerca y las devuelve a su posición anterior. Traen a la habitación un ecógrafo con ruedas, alguien me pasa una sonda por el abdomen para ver si queda algo en el útero y necesito *some surgery*, pero no me importa. Mi objetivo principal es no quedarme en la postura del muerto. Me llevo las manos a la cabeza una y otra vez, y la matrona me las vuelve a cruzar sobre el pecho, hablando en su idioma extranjero.

—Te está pidiendo que pongas las manos así —dice Natasha—. Es mejor para la circulación.

Me rindo y me quedo quieta, en la postura de un muerto. Tienen razón, es la postura más adecuada. La muerte estaba dentro de mi cuerpo y, probablemente, no salió entera. Algo de ella debe de quedar. Ciertos fragmentos y coágulos.

—En el útero no hay nada —informa el radiólogo—. Tiene suerte. No va a necesitar cirugía.

Me limpia el gel del vientre, donde ya no está mi niño, donde ya no hay nada más que las marcas que dejó la muerte. Estas marcas no se pueden detectar con ultrasonidos, pero yo puedo sentirlas. Puedo sentirlas dentro de mí.

La matrona y el radiólogo salen; yo me quedo tumbada con los brazos cruzados, mirando al techo. Natasha también se despide y se va, ya es noche cerrada.

Sasha se inclina sobre mí y pregunta:

—¿Cómo estás?

—Creo que me estoy muriendo. Se ha muerto él y ahora me voy a morir yo también. ¿Es posible?

—No, no es posible —dice Sasha—. Si te estuvieras muriendo, los médicos se habrían dado cuenta.

—Creo que me falta el aire. Me cuesta respirar. Tengo frío. Se me están durmiendo los labios. Y la nariz. Y las mejillas.

—¿Llamo al médico?

—Llámalo.

Sasha sale y vuelve con Kay, el amante de los monumentos. El anestesista lleva en la mano una jeringa con un líquido transparente, mira brevemente el sensor que sigue registrando la tensión arterial y el pulso, y dice:

—Físicamente, está bien. Pero está estresada. Si no tiene inconveniente, le pondré un sedante.

No tengo inconveniente.

Unos cinco minutos después, la habitación vuelve a llenarse de aire y yo a sentir que mi cara es mi cara y no una máscara mortuoria. Pasados otros diez minutos alcanzo a comprender que el niño y yo ya no somos un todo. Yo vivo y él ha muerto. Es él, y no yo, quien no respira y no siente su piel… Es él quien yace solo ahora, en el frío, con la cara tapada. Nadie lo conoce. Nadie lo necesita. Nadie lo ha abrazado.

—¿Quizá deberíamos haberlo mirado a pesar de todo? —le digo a Sasha.

—Quizá.

—Me temo que dará mucho miedo. Que se me aparecerá en sueños el resto de mis días.

—Hagámoslo así —propone Sasha—: voy yo solo, averiguo dónde está y lo miro. Y luego te digo si da miedo o no. Y si puedes mirarlo.

El hecho de que Sasha lo vaya a buscar, esté un rato con él y lo mire a la cara me hace sentir mejor. Y también que, cuando vuelva, me diga si puedo o no ver a mi hijo muerto sin volverme loca. Estoy segura de que mi marido sabrá tomar la decisión correcta.

Sasha vuelve con los ojos rojos y dice:

—No da miedo.

—¿Cómo? ¿Ni un poquito?

—Ni un poquito. Pero está… triste. Y da mucha pena. Deberías verlo.

13

Viendo al *baby*

A las siete de la mañana me despierta una enfermera con ojos de cervatillo.

—*Breakfast time.*

Coloca la bandeja del desayuno en la mesita que hay al lado de la cama.

Salgo de un sueño pesado y negro como una lápida. En los primeros segundos no consigo entender dónde estoy ni qué me ha pasado. Sasha duerme en la otra cama, roncando. La enfermera cervatillo tiene una sonrisa tan radiante que tengo la sensación de que hubiera sucedido algo bueno.

—*Do you want to see your baby?* —pregunta.

¿Quiere ver a su bebé?

Bueno, claro, quiero ver a mi... Incluso logro sonreírle antes de recordar: anoche di a luz a un niño muerto. Al que no miré.

—*Do you want to see your little baby?* —repite.

¿Quiere ver a su pequeño bebé?

—Sí, quiero verlo —respondo con voz ronca y, con las palabras, de mí brota sangre, mucha sangre—. ¿Cuándo?

—Después del desayuno.

—No quiero comer.

—¿Cómo que no quiere comer? —El Cervatillo abre los ojos con asombro—. Es el desayuno. Debería comer al menos un poco. Y además se tiene que tomar esta pastilla. Para inhibir la lactancia.

Sasha se despierta. Engullo las tostadas con mantequilla y mermelada, el café con leche y la pastilla para no tener leche. La enfermera cervatillo regresa y nos invita a seguirla. Y de nuevo sonríe como si nos estuvieran esperando para una matiné infantil. La sigo y la sangre escapa de mí, cálida y espesa como el humus. Ayer era nuestra sangre común, la mía y la de mi hijo. Hoy la sangre es solo mía, y para mí sola es demasiada. Hoy lo voy a mirar. A mi hijo. A mi pequeño bebé.

Estoy segura de que vamos al depósito de cadáveres, pero el cervatillo nos lleva a una habitación acogedora con un sofá, una mesa de café y un cuadro en la pared y nos pide que esperemos un poco. Sale y al cabo de un par de minutos regresa con una canasta de mimbre decorada con flores artificiales. Pone la canasta en la mesa de café, justo delante de mí.

Allí, en la canasta, rodeado de flores de plástico, cubierto con una mantita azul, hay un bebé con gorrito. Se parece a Sasha. Tiene una expresión triste y resentida. Los ojos cerrados con fuerza. Las cejas arrugadas, apenas perceptibles. Pequeños labios fruncidos para un llanto que nunca surgirá. Para un llanto que no debo, no puedo oír, pero que de todos modos oigo. Miro su rostro inmóvil y, tranquilamente, sin miedo, me pregunto cómo es que oigo a un niño muerto gimotear con una voz débil y baja pero muy clara.

—Por supuesto, llore si eso le hace sentirse mejor —dice la enfermera cervatillo.

De repente me doy cuenta de que soy yo la que está haciendo esos ruidos. Soy yo la que está gimiendo, no el bebé muerto en la canasta.

—Puede tocarlo —sugiere la enfermera—. Puede cogerlo en brazos. No tenga miedo. No da miedo en absoluto. Mire.

Saca a mi hijo muerto de la canasta y me lo pone en el regazo. Le toco la cara. Está fría. Muy fría. Acaricio ese rostro helado y aúllo. Al tacto, su frente parece masa para pan que haya estado en el frigorífico toda la noche.

—Se parece a ti —le digo a Sasha—. Nuestro hijo.

—Parece ser que sí. ¿Verdad que hice bien diciéndote que lo mirases?

—Hiciste todo bien.

Estamos sentados, mirando a nuestro hijo muerto. Entre nosotros hay confianza. La máxima confianza e intimidad posibles entre personas. En algún lugar, en otra vida, en otro mundo, quedó aquel hombre obstinado, ajeno y asustado que me intentaba convencer de que «esto es solo un embrión» y «un embarazo fallido, como el ectópico», y confiaba en que sus palabras me consolaran. Este, el mío, es auténtico, honesto y valiente: estuvo a mi lado todo el tiempo.

No hay estadísticas precisas, pero muchos matrimonios rusos se vienen abajo después de la interrupción de un embarazo avanzado. Y yo sé por qué. Porque los maridos se quedan para siempre en la etapa de «solo un embrión» y «embarazo fallido». Porque no se les permite entrar a la clínica ginecológica local. Ni al hospital. Ni estar en el parto. Ni mirar al niño. Al niño muerto. No al embrión.

Los funcionarios no los dejan entrar porque tienen instrucciones de los tiempos de la Inquisición que dictaminan con claridad que el marido y la mujer no deben sufrir juntos este dolor, sino por separado. Además, por alguna razón, este dolor ni siquiera tendría que considerarse dolor, sino exclusivamente «patología del desarrollo fetal».

Los médicos y las enfermeras no los dejan entrar porque también tienen instrucciones y les importa un bledo la brecha que inevitablemente se abrirá entre el hombre empeñado en lo de «solo un embrión» y la mujer que, a fuerza de dolores, da a luz a un bebé muerto con la boquita deformada en una expresión de sufrimiento.

Incluso las mismas mujeres les impiden entrar, porque sus madres, abuelas y bisabuelas les contaron que este es su castigo divino. Y que es vergonzoso mirar algo así o hablar de ello, que un «hombre», al ver «algo así» (o incluso solo al oír hablar de «algo así»), huirá inmediatamente. No los dejan entrar, aguantan, enmudecen con la esperanza de que su silencio consiga el perdón de Dios y que el «hombre» se quede a su lado. Pero es imposible, es imposible seguir juntos cuando hay «algo así» entre dos personas. Un dolor así. Un abismo como este. Cuando cada uno está en un extremo opuesto.

14

En recuerdo

Me dan de alta ese mismo día.

Antes, a Sasha y a mí nos extraen una muestra de sangre que será enviada desde el Charité al Instituto de Genética Humana de Aquisgrán para buscar mutaciones en el gen PKDH1. Buscarán en los «puntos calientes», es decir, analizarán aquellos segmentos genéticos en los que se encuentra con mayor frecuencia la mutación responsable del desarrollo de la enfermedad renal poliquística de tipo infantil. Si tenemos *suerte* y encuentran una mutación tanto en mis genes como en los de Sasha, en el próximo embarazo será posible realizar una prueba genética. Y si el embrión vuelve a heredar los segmentos dañados de ambos, podremos abortar antes de la semana doce. Además, será también posible realizar una fecundación *in vitro*. Las células serán fecundadas fuera del útero, se revisarán los embriones y se implantarán solo los sanos.

Si no encuentran genes dañados, nuestro riesgo de recurrencia siempre será del 25%. Es muy simple, como el caso de los niños de ojos marrones y ojos azules que nos enseñaban en el cole. Por ejemplo, tenemos una mamá de ojos marrones y un papá de ojos marrones; el gen de los ojos marrones es el dominante y se manifestará. Pero sabemos que cada uno de ellos tiene un padre de ojos azules que les transmitió el gen recesivo (es decir, pasivo, que no se manifiesta) de los ojos azules. ¿Cuál es la probabilidad de que estas dos personas de ojos marrones tengan un niño de ojos azules? Si los ojos marrones dominantes de la madre se combinan con los ojos marrones dominantes del padre, los ojos del niño serán marrones. Si los ojos marrones dominantes de uno se combinan con los ojos azules recesivos del otro, los ojos del niño seguirán siendo marrones, dado que se impone el gen dominante. Pero si se combinan dos genes recesivos de ojos azules, el niño tendrá ojos azules. Por lo tanto, la probabilidad de que esto ocurra es de una entre cuatro.

No sé de qué color son los ojos de nuestro niño. De qué color eran los ojos de nuestro niño. Probablemente grises. Porque tanto yo, como Sasha y nuestra hija tenemos los ojos grises. Sin embargo, probablemente los tres tengamos el gen recesivo de ojos marrones. Así como el gen recesivo de la enfermedad poliquística. Y si mi gen recesivo (es decir, el que no se ha manifestado) de la enfermedad poliquística se combina con el gen recesivo de Sasha de la enfermedad poliquística, el resultado será un niño muerto. Otro niño muerto con riñones enormes. Y la probabilidad de que esto ocurra es de una entre cuatro.

—¡Suerte! —nos desea la médica de guardia dándonos la mano—. Espero volver a verla en el hospital, pero por un motivo más feliz. Si vuelve a quedarse embarazada, venga. Les enviaremos los resultados de la autopsia por correo. También les comunicaremos la fecha y el lugar del entierro de su hijo. Pueden venir si quieren.

—Y… ¿no me va a recetar antibióticos?

—¿Para qué? No tiene ninguna infección.

—Pero… en Rusia, en casos así, prescriben de todas formas un tratamiento de antibióticos. Por profilaxis.

—No solemos hacerlo. ¿Por qué interferir innecesariamente con las funciones del organismo?

—Y… ¿tengo que volver para una revisión dentro de unos días?

—Solo si pasa algo. De lo contrario, la revisión programada es en uno o dos meses. Probablemente ya estará en Moscú. Y esto es para usted.

Me entrega un sobre cerrado.

—¿Qué hay dentro?

—Un recuerdo de su bebé.

Retiro la mano.

—No tenga miedo. No es nada horripilante. Solo una foto. Tenemos estudios que demuestran que las mujeres se sienten mucho mejor cuando tienen la posibilidad de mirar de vez en cuando la foto de su bebé.

Cojo el sobre, pero no lo abro ese día ni al siguiente.

Al tercer día, me estoy tomando un café con leche en el apartamento que hemos alquilado en Berlín y, de repente, siento una oleada de tristeza tan fuerte que me duele el pecho y la camisa se me moja en los pezones. Mi tristeza es esa leche blanca y tibia que nadie se va a beber.

Por alguna razón, la tristeza no responde al tratamiento con esa pastilla que suprime la respuesta hormonal.

Voy al cuarto de baño, me ducho y me extraigo la leche. Leche y sangre fluyen de mi cuerpo. El agua del fondo de la bañera se vuelve marrón.

Luego abro el sobre que contiene el «recuerdo del bebé». Miro su cara. Miro los labios fruncidos que nunca tocarán mi pecho. Además de la foto, el sobre contiene otra hoja de papel doblada por la mitad. La abro y veo las huellas de tinta de una mano y un pie diminutos.

Untaron con tinta azul la palma de mi hijo, fría como la masa metida en el frigorífico, y la presionaron contra este papel.

Me acerco el papel a los labios. Beso esa palma entintada. Una nueva porción de tristeza se extiende por mi camisa en forma de dos manchas húmedas.

Al día siguiente recibiré otra pastilla para inhibir la lactancia. Con ella desaparecerá la leche. Pero no la tristeza.

15

PÁNICO

Me siento bien, no me duele nada, no tengo fiebre y el sangrado disminuye cada día que pasa. Al cabo de unos diez días compramos billetes para Moscú.

Estamos en la cola de facturación. Cuanto más nos acercamos al mostrador de Aeroflot, más se tensa algo dentro de mí. Como si una finísima e invisible banda elástica me atara al suelo alemán. La banda elástica que une mi plexo solar al bebé que será enterrado en esta tierra. Pensaba que todos mis lazos con él ya se habían roto, pero no, aún resiste esta conexión y es ahora cuando se está rompiendo. La conexión es puramente geográfica. Él se queda aquí y yo me voy en este vuelo.

Facturamos, pasamos por los detectores de metales y la banda elástica invisible se rompe. Es doloroso. Como siempre que una banda elástica tensada se rompe.

El primer ataque de pánico, aunque todavía no sepa que se trata de eso, lo sufro ahí mismo, en el aeropuerto, en la cola del control de pasaportes. El oxígeno se agota de repente. Respiro, inspiro algo, pero no es aire, sino vacío. No hay aire. Y el corazón me late con fuerza en los oídos. Le digo a Sasha que me estoy asfixiando. No puedo respirar absolutamente nada. Me mira atentamente y dice:

—No, sí que respiras.

Abre una botella de whisky que ha comprado en el *duty free:*

—Toma. Bébete tres tragos grandes.

Obediente, doy tres tragos. Sasha me quita el whisky y me abraza. Hundo la nariz y la boca en su jersey y, por alguna razón, resulta más fácil respirar en esta posición. Como si, al contrario de lo que sentía, el aire fuera antes excesivo y ahora justo el necesario.

16

La conjura del silencio

Viajamos a algún lugar en tren: mis dos hijos y yo. Tengo una niña y un niño. Con la niña, todo está claro: es mi Sasha, la Tejoncita. Pero mi hijo me preocupa un poco. Probablemente tenga dos años, pero no puedo decirlo con seguridad. No soy capaz de verle la cara. Está de espaldas todo el tiempo: se da la vuelta, riéndose. Se escapa de mí, correteando, juguetón, descalzo por el vagón. Aprieta la nariz contra la ventana y solo puedo verle la suave nuca. Y luego, de repente, sin que yo haga nada, mis hijos caen profundamente dormidos. La niña está en la litera superior y, como siempre, está destapada. La cubro con una manta y le doy un beso en la frente. El niño está en la inferior. Está tumbado boca abajo con la cara enterrada en la almohada. Me acuclillo a su lado, le acaricio el pelo con la esperanza de que vuelva la cara, pero no se mueve. Dudo si darle la vuelta para averiguar cómo es.

No quiero despertarlo, pero, por otro lado, no es normal que no tenga ni idea de cómo es la cara de mi hijo. De qué color tiene los ojos, por ejemplo. ¿Cómo es que nunca lo he mirado a los ojos? ¿Es posible? ¿Y adónde vamos, por cierto, en este tren? ¿Y cómo se llama mi hijo? Me asusto porque no recuerdo cosas tan simples. Me empeño en recordar y tanto el chico como el tren desaparecen con este esfuerzo. Y me despierto.

Todas las noches tengo pesadillas tristes y angustiosas.

Deambulo en sueños por extraños apartamentos, pasillos, sótanos, vestíbulos…, y trato a duras penas de recordar lo que he olvidado allí. Algo importante. ¿El teléfono? ¿El bolso? ¿El libro de texto? ¿Las llaves? ¿El perro? Nada de eso. Parece que he perdido otra cosa…

Corro en sueños por una hermosa calle, es agradable correr tan rápido, con tanta ligereza. Pero de repente me pregunto: ¿de dónde viene esta ligereza? ¿No estoy embarazada? ¿Dónde está la enorme y pesada barriga?…

Elijo en sueños juguetes en una tienda para niños, pero por mucho que lo intente, no consigo recordar a quién se los iba a regalar. Aviones y coches: probablemente a algún chico…

Veo en sueños a un niño de espaldas y no recuerdo de qué color son sus ojos…

Después lo recuerdo todo y me despierto.

Moscú. Febrero de 2013. Tengo solo una hija. No tengo una barriga grande y pesada. No tengo un hijo alegre que aprieta la nariz contra la ventana y corretea descalzo. Podría haberlo tenido, pero no ocurrió. Es mi hijo, y no las llaves ni el perro, lo que he perdido. Lo que debía ser mi hijo nació hace dos meses, nunca tuvo nombre, estuvo todo un mes en una morgue alemana esperando la autopsia. Lo abrieron, lo cosieron y hace poco lo enterraron en una fosa común de un cementerio de Berlín con otros niños que nacieron muertos. No sé la fecha exacta del funeral ni dónde está este cementerio, cómo es la tumba, qué tipo de personas asistieron al entierro ni si llevaron juguetes. Avioncitos y cochecitos. Natasha, en Berlín, tiene una carta del hospital Charité a propósito del sepelio. Me preguntó si debía abrirla; le dije que no era necesario.

También recibió una carta con el informe de la autopsia. Este sí le pedí que me lo leyera. Decía que el feto, varón, con 360 gramos de peso, presentaba displasia renal multiquística difusa bilateral. Y como consecuencia, subdesarrollo del uréter, de la vejiga y de los pulmones. Además, decía que la causa de la muerte había sido una hemorragia cerebral. Nada contaba del color de los ojos. Es decir: nunca lo sabré. Pero creo que eran grises. Como los nuestros.

Como los nuestros y los de nuestra hija.

Nuestra hija, a pesar de lo que dijo la psicóloga, por alguna razón no nos hace preguntas. Ninguna. Como si no hubiera pasado nada. Como si hubiéramos tenido unas vacaciones por Navidad y papá y yo nos hubiéramos ido a dar una vuelta por los mercadillos navideños de Berlín y ella se hubiera ido a visitar a los abuelos. Como si no hubiera habido ningún embarazo, ningún hermanito al que ella iba a llamar Minitejón, ningún talismán de peluche en mi maleta «para ayudarme»… Espero un tiempo y después pregunto por mi cuenta:

—Quizá quieras hablar de lo que ha pasado…

—¿Por qué? ¿Le ha ocurrido algo a alguien? —dice dándole vueltas a un rotulador sin tapa entre los dedos.

—Bueno, sí. Ha ocurrido. A nosotros. Con nuestro niño.

Está callada. Juguetea con el rotulador. Tiene las palmas y los dedos cubiertos de pequeñas líneas rojas.

Lo intento de nuevo:

—¿No quieres preguntarme nada?

—No, no quiero. O más bien, sí que quiero. Pero no puedo.

—¿Por qué?

—Los abuelos me advirtieron muy serios de que no hablara contigo de… que no hablara de… del niño. Y que en ningún caso te preguntara nada.

—¡¿Por qué?!

—Me dijeron que no debía recordártelo. Para que puedas olvidarte lo antes posible.

Sonrío. Es tan bárbaro que resulta casi ridículo. «No recordármelo.» ¿En serio? ¿Acaso estoy loca? ¿Qué significa «no recordármelo» cuando no puedo pensar en otra cosa? Sin embargo, no solo mis padres, sino, por lo general, prácticamente todas las personas con las que hablo aplican este asombroso principio de «no recordármelo». La gente que antes de nuestra partida me buscaba médicos, llamaba y escribía todos los días, me preguntaba cómo me sentía y qué se veía en la ecografía, esta misma gente, cuando volví de Berlín me parapeta dentro de un angosto círculo de silencio.

En realidad, no. Formalmente esta gente no se queda callada. Me hablan del tiempo, del cine, de cómo le va a Sasha en el cole. Todos fingen que no ha pasado nada. Y claramente quieren que yo también finja. Se esfuerzan en evitar el tema del parto y, más aún, el de dar a luz a niños muertos. Y si soy yo la que intenta decirles algo, se asustan, se alborotan, miran para otro lado, necesitan hacer una llamada urgente sobre un asunto importante, aunque, por cierto, ¿es verdad que han traducido mi libro al español y está teniendo éxito allí, en España? Consideran que es su deber «distraerme».

No quiero distraerme. No quiero «olvidarme de eso cuanto antes». Quiero recordar. Quiero hablar de mi hijo muerto. Todas las conversaciones sobre temas circunstanciales me parecen insignificantes. Cuando me distraen, las cosas no me resultan más fáciles. Al contrario, se vuelven más difíciles. A veces le escribo a Natasha o charlo con ella por teléfono, pero no es lo mismo, está demasiado lejos. Hablo con mi marido, pero él es parte de todo esto y tampoco es una solución. Solo una vez, una amiga que acababa de dar a luz (unos meses antes, estando las dos embarazadas, estuvimos hablando de que nuestros hijos pequeños serían amigos —nuestras niñas mayores ya lo eran—), me visitó y me preguntó cómo me fue todo en el Charité. Cómo di a luz. Cómo me sentí. Y a quién se parecía el niño.

Me escuchó durante tres horas. Yo hablaba y me sentía mejor. Pero ella tenía un bebé, tenía leche, había que darle el pecho. Se marchó y aquel círculo de silencio y olvido de nuevo se cerró en torno a mí.

En cualquier caso, yo saqué a mi hija de aquel círculo. Le dije que estaba preparada para cualquier pregunta. Que incluso me gustaría hablar con ella sobre este tema, si ella quería. Que esto se me puede y se me debe recordar, porque nuestro Minitejón merece ser recordado.

Entonces Sasha pregunta:

—Mamá, ¿te dolió?

Le digo que no. Físicamente casi no dolió. Pero me dolió el alma.

—¿Y a él le dolió? ¿Al hermanito?

Le digo que sí. Tal vez sí. Porque yo estaba anestesiada, pero él no.

Está llorando. Y luego pregunta si le pasará lo mismo cuando quiera un bebé.

Le digo que es poco probable. Le hablo de las probabilidades y de los riesgos. Le explico, lo mejor que puedo, la mutación genética. Le digo que incluso si es portadora de un gen con mutación, la probabilidad de que su marido también lo tenga es muy baja.

Le digo que pronto tendremos los resultados del análisis. Y si los genetistas encuentran nuestras mutaciones, podrán buscar si ella también las tiene, sabrán exactamente dónde y qué buscar. Esto, hasta cierto punto, le dará garantías para el futuro. Y hasta cierto punto también nos dará garantías para la próxima vez que intentemos tener un hijo.

—¿Lo intentaréis otra vez? —Abre los ojos con asombro y alegría—. Lo intentaréis, ¿verdad?

17

Cincuenta-cincuenta

Los análisis para detectar mutaciones llegan «en blanco»: los genetistas no han encontrado nada en mi marido ni en mí. «Esto no significa que no presenten mutaciones —dice la carta que los acompaña—. Significa que no se han detectado en los lugares más probables, donde se localizan con mayor frecuencia en el caso de la enfermedad poliquística. Las posibilidades de que se repita son del 25 %.»

Un par de días después llega otro mensaje con el mismo remitente, por correo electrónico esta vez. Dice que han recibido el informe de la autopsia, en el que se diagnostica «displasia renal multiquística» y no «enfermedad poliquística», lo que cambia las cosas. El gen responsable de la displasia renal multiquística es otro. Se comprometen a llevar a cabo un nuevo análisis.

Esperamos otro mes. Llegan los nuevos resultados, que de nuevo no son concluyentes. No han encontrado nada. Esto no quiere decir que no tengamos mutaciones, dice la carta que adjuntan. Significa que no se encontraron mutaciones en los lugares más probables. En el caso de la displasia renal multiquística, no se descarta una herencia dominante. Por tanto, la probabilidad de recurrencia es *up to 50 percent.* Hasta el 50 %. La displasia renal multiquística presenta diferentes formas, a menudo más leves, con frecuencia unilaterales, en cuyo caso el pronóstico de vida es favorable. No obstante, por regla general, si la malformación se repite, sus consecuencias serán tan graves como la primera vez.

—*Up to 50 percent* —le digo a mi marido—. Estas son ahora nuestras probabilidades de que se repita.

—No quiero que se repita —responde Sasha malhumorado—. Tal vez no necesitamos un segundo hijo… Ya tenemos una niña. ¿Quieres un perro? Siempre quisiste un perro. Quizá con la Tejoncita y un perro tengamos suficiente.

—No es suficiente para mí. Necesito de verdad este niño. Nunca seré feliz si no doy a luz a un niño vivo.

—Pero, Anya, hay un 50 % de posibilidades de que esta pesadilla se repita. Es mucho. ¡Demasiado!

—Cincuenta por ciento de que dé a luz y todo marche bien —argumento con obstinación—. Eso también es mucho.

—No me puedo ni imaginar cómo vamos a vivir si todo vuelve a repetirse.

—Y yo no puedo imaginarme cómo voy a vivir si no tengo un niño.

—No lo sé. No estoy preparado.

—Pero… ¡ya lo habíamos hablado! ¡Queríamos probar!

—Queríamos esperar los resultados de la prueba y luego intentarlo.

—¡Bueno, pues ya hemos esperado los resultados!

—¡Estos no son los resultados que esperábamos!

Compramos un cachorro. Un simpático caniche rojo. Lo llamamos Coco. Le enseño diferentes trucos. Me lame las manos. Camina sobre las patas traseras. La Tejoncita y Coco se divierten mucho. Pero para mí no es suficiente.

—Por favor, vamos a intentarlo de todos modos —le pido todos los días a Sasha.

—No lo sé —responde Sasha triste—. Tengo que pensarlo.

Paseo con el alegre cachorro por las orillas del Moscova y fijo la vista en los trozos de hielo marrón que flotan en el agua negra, solo por no ver a las mujeres que empujan cochecitos. Todas llevan cochecitos. O tienen barrigas enormes.

18

ESPACIO SIN AIRE

Finales de abril. El cachorro ha crecido considerablemente. Ya no hablo de quedarme embarazada. Tengo muchas ganas de tener un bebé, es una obsesión, pero ahora es hasta ridículo pensar en un embarazo. No porque Sasha esté en contra —ya lo tengo más o menos convencido—, sino por mí. Mi cuerpo está en contra. No fue Sasha, sino yo la que resultó ser el eslabón débil.

Me estoy desmoronando, estoy constantemente enferma. Algo va mal en mi cuerpo. Puede que tenga algo incurable, terrible. Algo mortal. Probablemente se quedó en mí aquella noche, en el Charité, cuando daba a luz a un feto muerto, un varón, que pesaba 360 gramos. Un pequeño, imperceptible y microscópico vástago de la muerte quedó dentro en lugar del feto y durante todos estos meses ha crecido y crecido, se ha desarrollado y ahora me está matando. Cuanto más se acerca mayo (se suponía que iba a dar a luz a mi hijo en mayo), peor me siento.

Me cuesta respirar. Me asfixio, al principio sufría los ataques cada pocos días, luego todos los días, luego tres, cuatro, cinco, ocho veces al día. Me cuesta tragar. Prácticamente no puedo comer, estoy perdiendo peso. Tomo yogur y queso una vez al día. No me entran otros alimentos, no en el sentido figurado, sino en el sentido más literal: simplemente no puedo tragarlos. No puedo dormir. No soy capaz de subir las escaleras hasta el cuarto piso. Tengo un pulso frenético. La cabeza me da vueltas, se me nubla la visión, se me entumecen las manos y me sube la tensión.

Tomo whisky, valeriana, anaprilina[5] y tranquilizantes, a veces por separado y a veces juntos. Me tomo el pulso y la tensión arterial. Acudo a la consulta de varios médicos. Es un recorrido interminable: resonancia magnética, gastroscopia, análisis de sangre, ecografías, radiografías. Llevo a la Tejoncita al médico: se queja de que también a ella le cuesta respirar, que tiene dolor de cabeza y náuseas. Me temo que también tenga algo malo. Investigo nuestros síntomas en internet y descubro que son síntomas de enfermedades terribles.

Pero no encuentran nada, nada que pueda provocarnos esos síntomas. Sin embargo, los síntomas no desa-

---

5. Medicamento cuyo principio activo es el propranolol, perteneciente a los así llamados beta-bloqueadores. Se utiliza, entre otros fines, para tratar la hipertensión arterial y el ritmo cardíaco irregular. *(Nota de los traductores.)*

parecen. Y si en el caso de la Tejoncita se mantienen más o menos en el mismo nivel y no le impiden ir a la escuela, a pasear y a ver a sus amigas, yo me encuentro peor cada día que pasa. Casi nunca salgo. Paseo al perro cerca del portal y, más allá de eso, jamás salgo a pasear. Tengo miedo de salir de casa sola, porque sé que notaré que me asfixio y nadie será capaz de ayudarme. Tengo miedo de ir a ver a gente, porque empezaré a asfixiarme delante de todos y todos me mirarán. Tengo miedo de ir a una cafetería porque no puedo tragarme la ensalada. Me niego a hablar delante de los lectores: hay demasiados extraños, desconocidos, se me disparará la tensión arterial y se me desbocará el pulso. Prácticamente no veo a nadie. Sasha padre se ocupa de mí como una buena niñera. Y de la Tejoncita. Y del perro.

A veces intento recomponerme, superar mis miedos y lograr alguna hazaña. Andar, por ejemplo, hasta la cafetería Golubka, que está a diez minutos a pie de casa, y comprar una pizza recién horneada. Sobre todo, porque finalmente un amigo ha prometido pasarse esta noche por casa. Antes de salir me tomo tres sorbos de whisky: me relaja diez minutos. No me atrevo a salir a ningún sitio sin dar antes tres sorbos de whisky. Camino por la calle tratando de mantener la espalda recta y de respirar de manera uniforme. Me digo que tengo los pulmones bien, eso dijeron los médicos. Me digo que en la calle se está bien. Ahí fuera es primavera. Los pájaros cantan. Los capullos se abren, de ellos salen hojas arrugadas y pegajosas, como bebés del útero. Mi bebé debía nacer en un par de semanas, ver estas hojas pegajosas y respirar este aire. En realidad, no. No sería capaz de respirarlo. Sus pulmones no se abrirían… Intento imaginar cómo se abren los pulmones. Cómo respiran en realidad. Cómo se contraen… Intento respirar de manera uniforme, pero el aire se acaba. Miro a mi alrededor. Estoy a medio camino, entre casa y la pizza. El pánico me golpea por dentro como una ola caliente y ruidosa, me derriba, me levanta y me lleva a las profundidades. Me siento en un banco. La sangre zumba en mi cabeza. Me toco las mejillas, la nariz y no siento la piel. Me tomo el pulso: ciento treinta. Quiero llamar a Sasha, pedirle que venga a buscarme y que me lleve a casa, pero me contengo. ¡Qué demonios! ¿Es que no voy a ser capaz de comprar una pizza? Saco la anaprilina del bolso y me meto una pastilla debajo de la lengua. La anaprilina es muy amarga. Tan amarga que hasta me distrae. Chupo la pastilla y espero a que el corazón empiece a latir más lento. Me quedo sentada en el banco cuarenta minutos, tal vez una hora. Cuando pasa el ataque, voy a la Golubka, pido una pizza, espero veinte minutos, recojo la caja y vuelvo. A medio camino entre la cafetería y mi casa, todo se repite. Me siento en el banco. Tomo anaprilina. Me asfixio.

Ya es de noche cuando llego a casa con una pizza fría y tiesa. Mi marido y nuestro amigo están en el balcón, fumando y bebiendo vino tinto. Les doy la pizza; me tiemblan las manos. Sasha calienta la pizza en el horno, nos sentamos a la mesa. Ellos comen, yo no. No puedo

tragármela. Nuestro amigo Andrey me mira con atención y me pregunta si va todo bien.

—Aparte del hecho de que no puedo respirar, comer
ni dormir, todo bien.

Hace más preguntas con gran interés y pide detalles.
Al igual que nosotros, es escritor. Pienso vagamente
qué ha podido despertar su interés. Tal vez tenga algún
personaje secundario en el libro que está escribiendo y
simplemente necesite añadirle algo de textura.

—Tienes neurosis —concluye Andrey con satisfac-
ción—. Tienes que ver a un psicólogo. Yo también tuve
una neurosis. Sé de lo que estoy hablando.

19

No me preocupa en absoluto

La psicóloga se llama Angelina. Tiene muy buenas referencias. Atiende en su consulta privada, cerca de la estación de metro Belorússkaya. Tiene una agenda apretada. Está muy solicitada. Es cara.

Nuestra primera sesión transcurre de manera un tanto extraña. Me pregunta qué me ha llevado hasta ella y le cuento lo del embarazo interrumpido, los problemas actuales con la respiración, el sueño y la alimentación, las visitas infructuosas a los médicos.

Angelina escucha, asiente con la cabeza, adopta una expresión de astucia y pronuncia con la entonación de un Sherlock Holmes que por primera vez se sincerara con el torpe Watson:

—Todo esto va de la muerte. ¡Está hablando de la muerte, Anna!

Parece esperar que la aplauda.

—Bueno, por supuesto, todo esto va de la muerte —convengo sin ningún entusiasmo—. Realmente le estoy hablando de la muerte.

Angelina parece decepcionada. Pero no se rinde:

—Le tiene miedo a la muerte, Anna. ¿No es así?

—Pues, sí. Llevo treinta minutos hablándole de eso.

—Y tiene ansiedad.

—¡Sí! ¡Tengo ansiedad!

Angelina asiente con un gesto de sabiduría.

—Bueno, Anna. Pensemos, ¿qué tipo de ayuda espera de mí?

—Espero ayuda psicológica profesional.

—Vale, pero intente formular cuáles son sus expectativas. ¿Qué quiere lograr al final?

—Al final quiero conseguir no asfixiarme, no tener problemas para comer ni para dormir.

La psicóloga sonríe con picardía:

—En psicología consideramos que no se debe emplear un discurso negativo. Lo que usted está diciendo es: «Quiero conseguir…»

—De acuerdo. Quiero conseguir respirar normalmente, comer y dormir bien. ¿Le parece bien así?

Angelina asiente sabiamente con la cabeza y calla. Tengo la desagradable sospecha de que en realidad no sabe qué hacer conmigo y espera que yo proponga algún tipo de plan. Me quedo callada. Con un suspiro, Angelina asume la iniciativa.

—En su caso tiene sentido tomar antidepresivos. Por supuesto, en combinación con sesiones de psicoterapia.

—No quiero tomar antidepresivos.

—¿Por qué?

—Porque, hasta donde yo sé, los antidepresivos se toman durante un largo periodo de tiempo, alrededor de un año. Y mientras tanto una no debe quedarse embarazada.

—¿Quiere quedarse embarazada? ¡¿Después de lo que ha pasado?! —exclama mirándome como a una psicópata.

Y es posible que este sea el caso. Ella es psicoterapeuta y yo, una psicópata. Nos hemos conocido en una consulta al lado de la estación de metro Belorússkaya.

—Sí, claro.

—Bueno… en ese caso intentaremos trabajar sin antidepresivos.

—Perfecto.

—Es todo por hoy. Para la próxima sesión tiene que traer rellenos, obligatoriamente, estos cuestionarios. Entre otras cosas va a encontrar una escala para medir la ansiedad y la depresión. Es una parte muy importante de nuestro trabajo, tómese el formulario en serio, por favor.

El cuestionario que estoy intentando completar en casa podría hundir a cualquiera en la ansiedad y la depresión, incluso a la persona más feliz, próspera, en la cumbre del éxito y rodeada de un montón de hijos y nietos cariñosos. Es una serie interminable de preguntas aburridas y estúpidas, traducidas por el Traductor de Google o Dios sabrá quién, de a saber qué lengua. En su mayor parte, además, no tienen nada que ver con mi situación personal.

«Hoy estoy tan feliz como antes.» Respuestas:

1. Sí, por supuesto.
2. Sí, pero no tanto.
3. Un poco preocupado.
4. No me preocupa en absoluto.

«Me siento feliz.»

Sí, por supuesto.
Sí, pero no tanto.
Un poco preocupado.
No me preocupa en absoluto.

«Puedo simplemente sentarme y relajarme.»

Sí, por supuesto.
Sí, pero no tanto.
Un poco preocupado.
No me preocupa en absoluto.

Blasfemando en voz baja, marco las casillas «no me preocupa en absoluto».

En el siguiente cuestionario, la tarea se complica. No solo hay que marcar una casilla, también hay que responder por escrito a las preguntas.

«En un futuro cercano, quiero ser/estar/tener...» Escriba lo que quiere ser/estar/tener. Por ejemplo: «Quiero ser/estar/tener delgado/esbelto/feliz/seguro/éxito en mi carrera profesional». Intente evitar la negación. No debe escribir: «Quiero estar menos gordo/sin la barriga colgando, etc.».

Aquí es donde me derrumbo. En la siguiente sesión le digo a Angelina que no veo ninguna razón para responder a preguntas dirigidas al arquetipo de mujer de más de cuarenta años acomplejada por la inactividad y el sobrepeso.

Angelina se ofende un poco en nombre de sus pacientes.

—Por cierto, de acuerdo con el cuestionario que, a pesar de todo, ha rellenado, está claro que tiene un nivel de ansiedad muy alto.

—No lo dudo. Estaba claro incluso sin un cuestionario.

—Si le parece, le mostraré algunas técnicas de relajación que se utilizan para los trastornos de ansiedad. Le ayudarán a aliviar el estrés. Y a controlar la respiración.

—¡Sí, eso me vendría muy bien! —Me alivia pensar que quizá Angelina pueda, a pesar de todo, serme de utilidad.

Me pide que me tumbe boca arriba, que cierre los ojos, cruce los brazos sobre el pecho y me quede quieta. Sin moverme. Que me sumerja por completo en mí misma, aislándome del mundo exterior.

Estoy tumbada con los brazos cruzados sobre el pecho. Como aquel día, en el Charité, inmediatamente después del parto. Vuelvo a la misma postura del difunto. Esta es probablemente la más adecuada para mí…

—Ahora aguante la respiración.

Estoy tumbada con los brazos cruzados, no me muevo y no respiro. Ahora ya sí que parezco completamente muerta. Los muertos no respiran. De repente me parece que nunca volveré a respirar. Aunque quiera. Aunque Angelina diga que puedo.

Me levanto de un salto y rompo a jadear.

—¿Que ha pasado? —pregunta Angelina asustada.

—¡No puedo hacer esto! No puedo tumbarme boca arriba y no respirar.

Nos despedimos cortésmente hasta la semana siguiente. Ambas sabemos que no nos volveremos a ver.

20

El bebé sin nombre y la bruja malvada

Por el contrario, sí que doy con un psicólogo infantil realmente bueno para la Tejoncita. Natalya Kurenkova trabaja en el Centro Yugo-Západny de Apoyo Psicológico, Médico y Social. La Tejoncita y yo damos con ella al tercer intento: los dos primeros fracasan porque según nos acercamos al metro, se me hace cada vez más difícil respirar y no llegamos a ninguna parte. No obstante, a la tercera, mi cuerpo acepta amablemente trasladarse hasta la estación de Yugo-Západnaya.

Al principio, Natalya habla conmigo un buen rato. Después con la Tejoncita. Luego invita a la Tejoncita a inventar una historia cualquiera y dibujarla o representarla con juguetes. La Tejoncita elige, feliz, «representarla con juguetes». La psicóloga hace preguntas estimulantes («¿Cuántos personajes hay en nuestra historia?», «¿Cómo se llaman?», «Mira, en la caja hay muchas muñecas y peluches, ¿quieres elegir a alguno para este papel?»,

«¿Cómo se relacionan el uno con el otro?», «¿Dónde viven?», «¿Cómo los vestimos?», «¿Qué quieren?», etc.). La Tejoncita representa la historia y yo me limito a observar. Noto escalofríos que me recorren la espalda. Porque no es necesario tener una formación psicológica especial para entender quién es quién en este cuento de hadas.

Había una vez dos hermanas. Dos muñecas Barbie. Vivían en una casa de Barbie. La mayor se llamaba Anna-María, era muy hermosa, pero no muy feliz y no quería que la distrajeran. Llevaba un gran sombrero de ala ancha. El nombre de la hermana menor era Sandra y distraía todo el rato a Anna-María de sus pensamientos importantes. Entonces, Anna-María se cubrió la cara con su sombrero de ala ancha para que nadie interfiriera con sus pensamientos sobre cosas importantes. No quería oír a su hermana menor, Sandra, porque no sabía que Sandra también quería contarle algo muy importante.

—¿Qué cosa importante? —pregunta Natalya.

Quería advertir a Anna-María de un peligro.

—¿Es Anna-María la que corre peligro?

El peligro los amenaza a todos. Un peligro muy grande. Es un desastre. Amenaza a toda su familia.

—¿Qué otros miembros hay en la familia?

También tenían un hermano mayor. Este… Ken. En general no soporto las Barbies ni a los Ken, pero no tiene otras muñecas humanoides. Así que tendrá que ser este. Lo llamaban Grande. También estaba muy ocupado. Y había también un hermano pequeño.

—¿Cuántos años tenía el hermano pequeño?

El hermano menor no tenía ningún año. Era muy pequeño. Acababa de nacer.

—¿Y cómo se llamaba?

No tenía nombre. Aún no se lo habían puesto.

—En esa caja hay muchos bebés. ¿Quieres elegir uno que haga de hermano pequeño?

No hay ninguno que pueda hacer de hermano pequeño. Ninguno de esos muñecos vale.

—¿Y qué hacemos entonces?

Bueno, solo sabemos que en la casa también había un hermano pequeño.

—¿Y si le ponemos una cuna? Mira, en aquella caja hay muebles infantiles.

No, ninguna de estas cunas sirve. No valen. Vamos a jugar a que el hermanito vivía en la casa con las hermanas, aunque no tuviera nombre ni cuna. ¿Se puede jugar así?

—Por supuesto. Puedes jugar como quieras. Entonces, ¿cuál era el peligro para esta familia?

Cerca de la casa en la que vivían las hermanas había un mercado. Los domingos, las hermanas iban al mercado en este estúpido coche Barbie rosa. De hecho, su coche era de un color diferente, pero ya que no tiene ninguno parecido, que sea rosa… En el mercado había una mujer que vendía fruta, pero en realidad era una bruja malvada. Y además era de otro planeta. Esta muñeca de trapo con botones en lugar de ojos puede servir. Y estaba tramando algo muy malo…

—¿Qué estaba tramando?

Esa bruja quería venderle a Anna-María una manzana alienígena encantada con el pretexto de que era una comida muy saludable. Para que Anna-María se llevara la manzana a casa. Pero en esta manzana había un trocito de la propia bruja. La bruja iba a salir de la manzana y a robar al bebé de la casa. Sabía que, si secuestraba al bebé, el mundo se acabaría. Y toda la Tierra perecería.

—¿Por qué ocurrirían todas estas cosas después del secuestro?

Porque era un bebé especial al que nunca, en ninguna circunstancia, había que sacar de casa.

Una empleada del centro se asoma con cautela a la oficina. Con gestos nos indica que nuestra hora ha terminado y que otro niño está esperando en el pasillo. Nuestra psicóloga se pone visiblemente tensa.

—No podemos parar ahora —dice—. No estaría bien. Que esperen un poco. Necesitamos algo más de tiempo.

La empleada frunce levemente el ceño y cierra la puerta.

—¿Entonces esta bruja malvada quería destruir toda la Tierra?

Sí. Porque ella era de otro planeta.

—Pero la hermana menor, Sandra, adivinó sus planes retorcidos.

Sí, Sandra vio de inmediato que la vendedora de fruta era una verdadera bruja. Y le pidió a Anna-María que no le comprara manzanas, pero Anna-María no le hizo caso, pensaba en sus cosas.

—¿Y no pudo tal vez Sandra idear una forma de advertir a la hermana mayor del peligro?

No pudo. Cada vez que Sandra quería advertirla, Anna-María se tapaba la cara con el sombrero.

—¿Y se le ocurrió algo a Sandra después? ¿Algún modo de hacerlo? Era muy lista e ingeniosa. Puesto que ya adivinó que la vendedora de fruta era una terrible bruja, debió de descubrir cómo arreglárselas con el sombrero, ¿no?

La hermana menor era inteligente, sí. Pero hablaba demasiado. Y nadie sospechaba lo inteligente que era. Nadie la escuchaba.

—¿Pero sabía ella que era muy inteligente?

Bueno, no estaba segura.

—¿Tal vez se convenció de ello cuando encontró la manera de vencer a la bruja malvada? Porque la venció allí, en el mercado, ¿verdad?

Sí. Sandra pudo con la bruja malvada. Encontró la manera. Cuando Anna-María estaba a punto de coger la manzana de sus manos, Sandra le quitó el sombrero y se lo lanzó a la bruja. Fue tan inesperado que la bruja pasó de ser una vendedora de fruta a un monstruo alienígena, que es lo que era en realidad. Y Anna-María no pudo cubrirse la cara con el sombrero y esconderse de todo. Por lo que también vio que la vendedora de fruta era un monstruo alienígena. Luego, incluso le agradeció a Sandra su ayuda. Y volvieron a casa.

—Muy bien. Ahora sí podemos despedirnos hasta la próxima sesión —dice la psicóloga volviéndose hacia mí—. Por favor, traiga a su marido.

Se niega a aceptar dinero por la sesión. Sonríe.

—Este es un centro gratuito. No se sienta mal. A veces tan solo hay que saber aceptar la ayuda que se nos ofrece.

La siguiente vez, la segunda y última (el centro cierra durante las vacaciones de verano), Natalya habla muy poco con la Tejoncita. Le regala unas hermosas piedras de colores («Esta naranja será tu alegría. Cuando te sientas triste, apriétala en la mano. Y esta lila representa la confianza en ti misma. Si dudas de tu inteligencia o de tu belleza, cógela, así... Esta azul, en cambio, es tu fuerza. Si te sientes mal, te aliviará...»). Luego manda a la Tejoncita a hojear libros y a dibujar, y habla con nosotros.

Quiere asegurarse de que he comprendido con quién se identificaba mi hija en aquella historia, quién era yo, etc. Respondo que por supuesto, lo he entendido perfectamente. A fin de cuentas, hasta los nombres hablaban por sí solos. Sasha es Sandra. Yo, Anna-María. El hermano pequeño para el que no hay un muñeco adecuado... es evidente. Y con la bruja todo está claro: representa el dolor, el peligro, la muerte. Pero ¿por qué somos todos hermanos y hermanas? ¿Mi marido, la Tejoncita, nuestro hijo muerto y también yo?

Nos explica que es un desplazamiento muy típico. Los nombres son ligeramente diferentes. El patrón familiar es ligeramente diferente. Al representar esta historia, la niña simplemente expresa su ansiedad, sin darse cuenta de que esta historia va de nosotros. Aunque, por supuesto, la historia va de nosotros.

Le pregunto si entendí correctamente que los problemas de salud de Sasha son una especie de llamada de atención, un intento de arrancarme el «sombrero de ala ancha» con el que me aíslo de todos. La psicóloga responde que no.

Dice que, por supuesto, a la niña le falta atención y no estaría mal dedicarle un «tiempo especial», pero que eso no es lo principal. La cuestión es que está tratando de ayudarme. Está intentando asumir algunos de mis problemas, parte de la responsabilidad. Ve que me cuesta respirar e intuitivamente, lo mejor que puede, procura compartirlo conmigo. Y por eso dice que también le resulta difícil respirar. No se lo está inventando. Realmente se siente así. Pero, con todo y con eso, es una niña. No debería responsabilizarse de mí; mi marido y yo deberíamos rescatarla de este papel.

—Pero ¿cómo? —pregunta mi marido.

Hace un dibujo con un bolígrafo: dos barcas, una grande y otra pequeña, y un muelle con un pilote de madera. Las barcas están amarradas al pilote. Y nos explica:

—Este pilote es usted, Alexander. Y las barcas son su mujer y su hija. Ahora están amarradas a usted. No tienen otro soporte. Esto no es bueno. La barca grande debería poder navegar por su cuenta de nuevo.

Entonces la pequeña también lo hará. Pero si ahora suelta la barca grande, simplemente se la llevará la corriente. Ahora es incontrolable... —dice volviéndose hacia mí—. Necesita ayuda. Ayuda psicológica profesional. Cuando su hija vea que realmente la están ayudando y que ella ya no tiene que responsabilizarse de usted, enseguida se sentirá mejor.

—¿Usted me podría ayudar? Me gusta su forma de trabajar.

La psicóloga suspira:

—Trabajo con niños. En cierto modo, es más fácil con los niños que con los adultos. Son capaces de vivir y superar las situaciones difíciles a través del juego, curarse con el juego. Los adultos no pueden hacer algo así.

Dice que necesito un profesional que sepa abordar la pérdida. Especialmente la pérdida de un hijo. Pero no conoce personalmente a ninguno. Es cierto que conoce a un psicólogo que trabaja con ataques de pánico, pero ese no es exactamente mi caso.

Se despide y nos desea suerte. Y promete que con estas dos sesiones la Tejoncita debería mejorar.

21

El fondo

Finales de mayo. La Tejoncita se encuentra realmente mejor. Ya no se queja de su salud y la enviamos a Riga con los abuelos.

Nos quedamos solos Sasha y yo. El pilote de madera y, amarrada a él, la barca podrida con una vía de agua. Si la barca se separara del pilote, ni siquiera se la llevaría la corriente. No flotaría rumbo a ninguna parte. Simplemente se iría al fondo.

En uno de los primeros días del verano descubro cómo es ese fondo. Salgo a la calle después de casi una semana en casa y voy al colegio de mi Tejoncita a recoger unos zapatos que se había dejado. De casa al colegio son diez minutos andando. Llevo caminando unos veinte, pero no consigo llegar. Me queda solo una veintena de metros, pero no puedo avanzar. El corazón me late con fuerza, me da vueltas la cabeza, mi respiración se detiene, se me entumece la piel: todo es como siempre, solo que diez veces peor de lo habitual. Veo un banco en el bulevar, está a solo dos pasos, pero no soy capaz de darlos. Parece que me estoy muriendo. Me siento en el suelo. Directamente, entre envoltorios de caramelos, cáscaras de pipas de girasol, pegotes de helado, excrementos de paloma, polvo... En la calle Usachyov. Al lado de una papelera.

La gente me evita dando un amplio rodeo. Una mujer coge a un niño pequeño de la mano y se lo lleva rápidamente. Un hombre vestido con un chándal llama nerviosamente al cachorro de orejas caídas que se ha lanzado a lamerme las manos. Lástima. Qué cachorro tan bonito. No pude acariciarlo.

Tecleo en el móvil con los dedos helados, pero la pantalla táctil se niega a considerar que mi piel sea humana. En el décimo intento, por fin logro llamar a mi marido.

Le digo que estoy tirada en el suelo, al lado de una papelera y de un banco en la calle Usachyov. Al parecer me estoy muriendo.

Sasha responde:

—No tengas miedo. Ahora te recojo.

Viene a por mí caminando, tarda unos diez minutos y no deja de hablar conmigo por teléfono en ningún momento. Porque me parece que, si dejo de oír su voz, esa cuerda que ya se ha aflojado y no me aferra en la superficie, amarrada al pilote, se terminará de romper y me quedaré en el fondo para siempre.

Llega y me saca del fondo. Me lleva literalmente en brazos. Al cabo de un par de minutos me siento mejor y me suelta. Camino sola. Respiro. Siento mi cuerpo. Vuelvo a estar en el muelle.

Pero ahora sé perfectamente cómo es el fondo.

Ese fondo al que un buen dueño no deja que llegue su cachorro.

Ese fondo del que nadie, salvo Sasha, puede traerme de vuelta.

22

Habrá que tratarse

Después de este incidente, decido que necesito realmente ayuda profesional. No a señoras absurdas que después de divorciarse han dado unas clases ridículas de psicología (conocí a un par de ellas más en este tiempo, eran completamente inútiles), sino una institución estatal normal con profesionales especializados.

Me pongo en contacto con la Clínica de Trastornos Neurológicos de la calle Rossolimo. Acudo a la consulta del neurólogo. Describo mis problemas para tragar y respirar, los ataques de pánico, las palpitaciones, el insomnio. Le cuento los antecedentes. Le pido que me recete antidepresivos o lo que sea necesario en estos casos.

—Necesita un buen psicólogo —responde la neuróloga.

—Hasta ahora no he encontrado a ninguno capaz de ayudarme.

—¡Eso es porque estaba buscando en el lugar equivocado! —exclama, alegre, la neuróloga—. Probablemente fue a consultas privadas. A los así llamados especialistas que obtuvieron sus titulaciones a saber dónde y ahora simplemente se dedican a sacarle los cuartos a la gente.

—¿Dónde tendría que haber buscado?

—¿Cómo que dónde? Aquí, en nuestra clínica.

—¿Tienen psicólogos?

—¡Por supuesto! Toda una planta de psicología. Todos ellos son excelentes especialistas. ¿Está empadronada en Moscú? ¿Tiene seguro médico? ¡Fantástico! En ese caso, la consulta será totalmente gratuita. Espere un momento ahí, en el pasillo. Consultaré con los psicólogos, veremos quién puede atenderla y la llevaré con él de inmediato.

—¿Cómo? ¿Ahora mismo?

—Sí, por supuesto. Su caso es urgente. Prácticamente no come, pierde peso…

Estoy sentada en el pasillo, casi feliz. Por fin. La ayuda está a punto de llegar. Toda una planta de psicólogos profesionales y gratuitos: justo lo que necesito. Y pensar que he perdido tanto tiempo…

Subo con la neuróloga a la planta siguiente. Por alguna razón, la puerta de la sección de psicología está cerrada con llave. La neuróloga toca el timbre. Al cabo de un par de minutos, una mujer sombría de cabello cobrizo, con aspecto de cuidadora que parece salida de mis peores recuerdos del jardín de infancia, abre la puerta en silencio. En la planta de psicología también huele a jardín de infancia: a mopa húmeda y a repollo cocido. La cuidadora nos deja entrar, cierra la puerta por dentro sin decir palabra y se guarda las llaves en el bolsillo.

La neuróloga me lleva por un lúgubre pasillo amarillo. Le pregunto dónde hay un aseo y ella, dudando, señala una puerta en el otro extremo. Por alguna razón, los aseos también son como los de un jardín de infancia. Azulejos blancos. Los inodoros están separados por tabiques bajos. Y no hay puertas. Ninguna. Justo al lado de los inodoros, sobre un pedestal de azulejos, hay una bañera desconchada con una sucia cortina de plástico gris. Intento entender qué utilidad puede tener esta bañera para un paciente que viene a ver a un psicólogo profesional, pero me falla la imaginación.

Vuelvo con la neuróloga, que me lleva a un rincón delante de una consulta sin nombre y me pide que me siente en un banco. El departamento de psicología me gusta cada vez menos, pero obedezco por educación. Después de todo, nunca se sabe. A lo mejor, a pesar del ambiente soviético, los psicólogos son realmente magníficos. Puede que sea así, si lo piensas bien.

La neuróloga mete la cabeza en la consulta y le dice algo en voz baja al psicólogo invisible. Luego cierra la puerta y se vuelve hacia mí:

—Bien, todo en orden. Espere aquí. La llamarán pronto.

Espero. A mi lado se sienta una mujer con una bata de flores y zapatillas gastadas que también espera que la llame el psicólogo. La mujer se peina constantemente. Con la mano. Mejor dicho, como si tuviera un peine en lugar de mano. Se peina el cabello grasiento hacia atrás. Luego, hacia delante. Luego lo divide en dos. Y vuelve a peinarlo hacia atrás. Su historial médico descansa en su regazo. En la portada figuran: apellido, nombre, patronímico, año de nacimiento. Y el diagnóstico: PMD. Psicosis maniacodepresiva.

Miro cómo se peina la señora de la bata y pienso en los aseos sin puertas, en la puerta de la planta cerrada con llave y también en el hecho de que el concepto «psicólogo» se interpreta claramente de manera muy amplia en la Clínica de Trastornos Neurológicos. La voz de la psicóloga interrumpe mis reflexiones:

—¿Anna Starobinets? Pase.

La psicóloga es una belleza fría de cejas hábilmente dibujadas y de unos veinticinco años.

—Entiendo que tiene problemas para ingerir alimentos...

Intento hablarle del embarazo, de la poliquistosis infantil, del parto inducido, pero nada de esto le interesa. Le interesa la comida. Por qué exactamente no soy capaz de ingerirla.

—Cuando usted ve la comida, ¿qué es lo que siente? ¿Qué piensa?

—¿Acerca de qué?

—Acerca de la comida.

—Nada.

—¿Nada en absoluto? Tal vez cree que la comida es desagradable. ¿Le da asco la comida?

—No.

—¿Pero tampoco le provoca apetito?

—No particularmente.

—¿Le parece que la comida esté rancia? ¿Quizá envenenada?

—No, en absoluto.

—Pero alguna sensación le impide ingerirla.

—Lo que me impide ingerirla es la sensación de que no puedo tragármela. Se trata de una cuestión mecánica, de hacer que la comida pase por la garganta.

—Pero usted se ha hecho una gastroscopia y todo está bien, ¿verdad?

—Sí, todo está bien.

—Eso está muy bien. Pero volvamos a la comida, ¿cuánto tiempo hace que tiene estos problemas alimenticios?

—Un par de meses.

—Pero alguna cosa estará comiendo de todos modos, ¿no?

—Alguna cosa, sí.

—¿Y eso cómo? Dice que no puede tragarse la comida.

—Bueno, en algunas situaciones sí que puedo.

—¿En qué situaciones?

—Por ejemplo, después de tomar alguna bebida alcohólica fuerte. Y también nada más despertarme. Por eso de un tiempo a esta parte como una vez al día, en cuanto me despierto. Allí mismo, en la cama.

La psicóloga se inclina hacia mí:

—¿Se lleva la comida a la cama?

—No. Cuando me despierto, mi marido me trae comida.

—¿Comida? ¿Su marido?

—Sí. Mi marido me trae comida.

—¿A la cama?

—A la cama.

—¿Su marido no trabaja?

Es evidente que no me cree. Menudas fantasías enfermizas: ¡el marido trayéndole comida a la cama!…

—Mi marido trabaja en casa.

—¡¿Haciendo qué?!

—Es guionista. Periodista. Escritor.

La psicóloga marca algo en sus papeles y pierde interés en el tema del marido, que claramente es un producto de mi imaginación.

—Entonces… come una vez al día y luego le resulta desagradable comer, ¿verdad?

—Luego sigue siendo agradable, pero no puedo tragar con normalidad.

—Está claro. ¿Y cómo vamos con el sueño?

—Mal. Tengo insomnio.

—Ya lo veo… —Vuelve a escribir algo y después aparta la vista de los papeles—. Bueno, Anna. Hay que ingresarla.

—¿Por qué?

—¿Cómo que «por qué»? Para tratarla.

—¿Y qué quiere decir «tratarme»? ¿Cómo piensa tratarme?

—Con varios medicamentos.

—¿Cuáles?

—Bueno, Anna. La elección de los medicamentos corresponde a los médicos. No se preocupe por eso. Usted solo debe ingresar y dejarse tratar con tranquilidad…

Es muy joven. Más joven que yo. No es ninguna reliquia de la psiquiatría punitiva soviética. ¿De dónde viene entonces este tono, esta expresión severa de las cejas dibujadas, la forma de elegir las palabras?

—¿Cómo no me va a preocupar con qué medicamentos me traten? —respondo agotada—. Se trata de mi salud. Sin saber cómo me van a tratar, no puedo tomar una decisión.

—¿Qué decisión?

—Con respecto a la hospitalización.

Me mira como si fuera un extraterrestre con un tentáculo verde en la frente.

—De acuerdo, si tan interesante le resulta, recibirá tranquilizantes, antidepresivos y antipsicóticos, por vía intravenosa y por vía oral. ¿Entiende algo?

—Sí, lo entiendo todo.

—Eso está bien. Calcule unas tres o cuatro semanas. Ahora formalizaré el ingreso. Pida que sus familiares le traigan…

—No, gracias.

—¿Qué?

—Gracias, pero no quiero que me hospitalicen tres o cuatro semanas.

—¿Qué quiere decir «no quiero»? ¿Por qué?

—En primer lugar, trabajo.

—¡¿Está trabajando?! ¿Haciendo qué?

—Soy guionista. Y también soy escritora.

—Pero decía que su marido…

—Yo también. Pero no es solo una cuestión de trabajo. Simplemente no quiero recibir tranquilizantes, antidepresivos y antipsicóticos por vía intravenosa y por vía oral. De ninguna manera.

—¿Qué quiere decir «no quiero», Anna? No somos críos. No existe el «no quiero». Si necesita hospitalización, habrá que hospitalizarla. Tiene un trastorno alimentario. Como médico, soy responsable de usted. No tengo derecho a dejarla volver a casa en este estado.

Me siento como un personaje de una película o de una novela en la que un periodista llega a un manicomio para escribir un reportaje y de repente resulta que es un paciente, que la puerta está cerrada con llave, el personaje lleva una camisa de fuerza y una enfermera le inyecta un sedante y le dice con ternura: «Pues claro que eres periodista, un periodista muy conocido, ¡no te preocupes!». Recuerdo la puerta cerrada de la planta. Los aseos sin puerta. Llego incluso a asustarme un poco. Pero la confusión, afortunadamente, desaparece enseguida.

—Como periodista que soy, puedo asegurarle que usted, como médico, tiene todo el derecho a dejarme volver a casa. En este país un tratamiento psiquiátrico forzoso exige una orden judicial.

—¡Sí, claro! Váyase a casa, usted sabrá. ¿Acaso la estoy reteniendo a la fuerza? No es necesario que me hable así. Queremos ayudarla de veras. Adiós.

—Adiós. Por favor, ábranme la puerta.

Sin embargo, cualquier otra mujer sin experiencia periodística, con menos formación en asuntos legales o, simplemente, más confiada y manipulable, bien podría haberse quedado allí. Hospitalizada. Confiando en esa «responsabilidad médica». Aceptando con resignación el hecho de que «es necesario y punto». Quizá incluso le haría bien. Aunque no lo creo. Un cóctel de antipsicóticos, antidepresivos, tranquilizantes, falta de respeto, negligencia y desánimo no puede hacerle bien a nadie.

Estoy tan cabreada que llego a casa sin un solo ataque de pánico y me zampo tres bocadillos. En cierto sentido, la psicóloga profesional de la Clínica de Trastornos Neurológicos me ha ayudado mucho. Por desgracia, el efecto terapéutico no será prolongado. No consigo dormir hasta el amanecer y al día siguiente vuelvo a ser incapaz de respirar y de comer con normalidad.

23

ACEITUNAS Y PARADOJAS

A pesar de la experiencia, acabo acudiendo al especialista en ataques de pánico que me había recomendado la psicóloga infantil. Se llama Alexander, no tiene consulta y recibe a los pacientes en su casa.

Él sí que me ayuda. No tengo ni idea de si es un buen profesional o un charlatán, si su estrategia de intervención psicoterapéutica fue premeditada o todo fue el resultado de la alineación correcta de los astros. En mi caso concreto, resultó ser la persona totalmente indicada.

Tiene unos cincuenta años. Es delgado, encorvado, tímido en los encuentros y no se muestra seguro de sí mismo. Me advierte que trabaja con ataques de pánico, no con la «pérdida», por lo que en nuestro caso será un tratamiento de la sintomatología. Se esfuerza tanto por ser un buen psicoterapeuta que literalmente «revela su estrategia»: repite lo que digo reformulando ligeramente mis frases (según dicen los manuales, eso parece llamarse «devolverle al paciente sus emociones»). También se esfuerza por no usar negaciones.

Dice que intentaremos prescindir de las pastillas. Me enseña unos ejercicios de respiración simples pero efectivos para calmarme y bajar la frecuencia del pulso (el secreto es sencillo: la exhalación debe ser mucho más larga que la inhalación), así como para relajar la musculatura (también es fácil: para relajar los músculos, primero hay que tensarlos al máximo). Sin embargo, en términos generales su intervención no descansa en esto, sino en la intuición, el sentido común, la capacidad para ver las cosas desde un ángulo inusual y, en consecuencia, en su distanciamiento de los estereotipos.

Alexander ejerce, desde mi perspectiva, no tanto el papel de psicólogo, sino el de un rabino sagaz que orienta con paradojas a un judío triste.

—Tengo insomnio.

—No duerme bien. Necesita pasear al aire libre cada día al menos treinta minutos.

—¡Pero no puedo! ¡Este es precisamente el problema! No puedo salir. En cuanto me alejo de casa, me da un ataque de pánico.

—Vaya. ¿Acaso he dicho que deba alejarse de casa? No es obligatorio en absoluto. Pasee alrededor de su casa. Si quiere, vaya de una esquina a otra junto a su portal. No me importa. Lo principal para mí es, en primer lugar, que camine treinta minutos, y, en segundo lugar, que lo haga al aire libre.

Empiezo a dar paseos por los alrededores de mi casa y, según pasan los días, descubro que soy capaz de caminar tranquilamente treinta minutos sin detenerme, a un ritmo bastante rápido y sin que me falte el aire. En cuanto me convenzo de ello, recupero la capacidad de alejarme de casa a una distancia de al menos media hora a pie. Comprar pizza en la Golubka ya no es un problema.

—No puedo tragar la comida con normalidad. Solo por la mañana, nada más despertarme.

—Come una vez al día. Le parece que es poco.

—¡Sí!

—¿Y cuántas veces al día es capaz de beber?

—Las que quiera.

—En ese caso, beba durante el día cacao, té dulce, batidos de leche… Siempre y cuando el desayuno sea completo, no tiene la menor posibilidad de morir de hambre.

Empiezo a beber cacao y batidos. Me relajo, dejo de obsesionarme y ya no intento comer durante el día por obligación. Y, de repente, descubro que soy capaz de agarrar mecánicamente cualquier porción de comida que vea por ahí y, sin poner en marcha el cerebro, engullirla sin problema.

—¿Y si a pesar de todo tuviera alguna enfermedad terrible? Aunque me haya hecho pruebas… Cáncer, por ejemplo. ¿Y si, en lugar de tratar la enfermedad, estoy centrándome en los ataques de pánico?

—Tiene miedo de tener una enfermedad grave, aunque los médicos no la hayan encontrado. Bueno, no puedo garantizarle que no tenga una enfermedad grave. A veces es verdad que a los médicos se les escapan cosas. Quizá tenga sentido someterse a algunas pruebas más. En eso no soy especialista. Pero lo que sí es seguro es que tiene ataques de pánico. Incluso si tuviera cáncer, ¿para qué necesitaría tener además ataques de pánico?

Me hago algunas pruebas más. Al igual que antes, no encuentran ninguna enfermedad grave. No obstante, aunque la hubieran encontrado, ¿para qué necesito los ataques de pánico? Es realmente inexplicable.

—Mi marido propone irnos a Grecia.

—¿Su marido quiere que se vayan a Grecia? Excelente.

—¡No es excelente en absoluto! ¿Cómo voy a ir en este estado, comiendo una vez al día, sin dormir y sintiéndome fatal todo el tiempo?

—No le veo ningún problema. Podrá hacer lo mismo fácilmente en Grecia. Comer una vez al día, sí, pero queso griego y aceitunas. No dormir, pero a cambio oír el ruido de las olas. Bueno, y sentirse mal también. ¿Quién ha dicho que haya que sentirse mal solo en Rusia? También puede sentirse fatal en Grecia. No está prohibido.

—¿Y si me pasa algo?

—¿En el sentido médico?

—Sí.

—Pues acuda a urgencias.

Nos vamos a Grecia. Me duermo con el susurro de las olas. Nado. Escribo un guion. Como queso griego y aceitunas. Bebo vino tinto y retsina. Incluso voy a urgencias porque me da una reacción alérgica de órdago algo que he comido o bebido. En la ambulancia, a medianoche, cubierta de la cabeza a los pies de ampollas carmesí, rodeada por una gran familia griega que lleva al médico al abuelo de piel morena y expresión severa con una herida de arma de fuego, siento que estoy viva. Y que estoy mejor.

24

EL NIÑO

No es hasta el invierno siguiente, un año después de dar a luz, cuando finalmente me empiezo a sentir bien.

Seis meses después, en agosto, estoy embarazada de nuevo.

Una vez confirmado el embarazo, después de una ecografía y un análisis de sangre, la Tejoncita monta toda una fila de peluches-talismanes en la cómoda, al lado de mi cama. Miro sus ojos artificiales y no siento felicidad, como pretendía, sino espanto. La trampa se ha cerrado. El mecanismo de relojería se ha puesto en marcha. ¿Qué he hecho?

Todo se repite. Todo lo que me pasó la vez anterior, hasta la época del año. ¿Quién dice que un rayo no cae dos veces en el mismo sitio? Vuelve a ser otoño, a llover y a estar todo lleno de barro. Otra vez es el cumpleaños de la Tejoncita y tengo náuseas. Los mismos niños emocionados, regalos y una tarta con velas en medio de una neblina nauseabunda. Incluso Nika, mi amiga, está esperando un bebé como entonces. Es como si hubiera retrocedido en una máquina del tiempo dos años atrás. Solo que ahora sé lo que pasará a continuación.

Pasarán las semanas. Las náuseas terminarán. En la húmeda oscuridad de noviembre iré a hacerme una ecografía y me dirán que es niño. Se producirá un silencio y sabré que el rayo ha vuelto a caer en el mismo sitio.

Mi amiga tendrá su bebé, pero yo no tendré el mío.

Pasan las semanas. Desaparecen las náuseas. En la húmeda oscuridad de noviembre, acudo a Malmberg para hacerme una ecografía.

Dice:

—Es un chico.

Se hace el silencio. Luego dice:

—Tiene los riñones sanos.

Doy a luz en abril en Letonia, porque en Moscú, a causa de mi hipertensión y mi elevada frecuencia cardíaca, puedo dar a luz solo en una maternidad especializada para mujeres con problemas cardíacos. Allí las horas de visita son de tres a cinco y a los maridos de las mujeres con hipertensión no se les permite estar presentes en el parto ni después del parto. En la maternidad en Jūrmala, en cambio, no ven ninguna relación entre la hipertensión y la presencia del marido.

El cuello uterino está completamente dilatado. Empiezo a empujar. Cierro los ojos y grito de dolor y de miedo.

Más allá de mi propio grito, oigo a la matrona, que me habla con calma y en voz baja, con acento letón. Dice que ya se acaba todo. Que terminaremos muy pronto. Pero que para eso tengo que dejar de gritar. Tengo que espirar, luego inspirar, espirar de nuevo y empujar. No es necesario gritar. No es necesario.

Dice:

—Déjalo salir. Tienes que dejarlo salir, ¿me entiendes?

Escucho su voz. Espiro, inspiro.

Lo dejo salir.

—¡Un niño, Anya! —grita, fascinado, mi marido—. Tenemos un niño… ¡Míralo!

Tenemos un niño. Divertido, de ojos grises. Sonríe y se estremece dormido. A veces se asusta con un ruido fuerte. A veces le parece que pierde el equilibrio y se cae. Entonces abre los pequeños brazos repentinamente, como si intentara abrir unas alas invisibles en el vacío. Como si quisiera volar. Lo cojo en brazos y susurro: no tengas miedo, no tengas miedo. No te voy a dejar ir a ninguna parte. Te estaré mirando.

Epílogo

Febrero de 2016. Estamos de vuelta en Berlín. Mi marido, Sasha Garrós, está enfermo. A través de las redes sociales logramos recaudar una cantidad de dinero enorme, casi irreal, para un tratamiento que —así se han alineado los astros— una vez más nos lleva al Charité. Un ciclo de radioterapia y quimioterapia. En enero se sometió a la operación más difícil. Nuestros hijos, la Tejoncita, de once años, y Lyova, de diez meses, están aquí con nosotros. El tratamiento va bien, pero no sabemos qué pasará después.

Transcurrido un mes de la operación, cuando Sasha está mejorando, nos sentamos en el metro y vamos a la estación de Kurt-Schumacher-Platz. En la calle arrecia el frío y la humedad: una amplia avenida gris, lúgubres casas grises, gente gris y aterida que sube al autobús en la parada. Pasamos mucho tiempo incapaces de orientarnos. Deambulamos por la avenida, primero en un sentido, luego en el opuesto. Finalmente encontramos el cruce que estábamos buscando y giramos en una calle tranquila que conduce al cementerio de Dankes-Nazareth.

Es el cementerio de una iglesia protestante y está muy bien mantenido. Crecen pulcros abetos y píceas, juguetean ardillas rojas. Hay un aeropuerto cerca y cada pocos minutos un avión despega y surca el cielo. Hace tres años, unos extraños, con una oración en un idioma extranjero, enterraron a nuestro bebé aquí en una fosa común. Deambulamos por el cementerio y pronto encontramos el lugar. No es difícil dar con él: parece un parque infantil construido entre las lápidas.

No hay, como esperábamos, solo una fosa común: hay quince. Están rodeadas por un césped grande, pulcro y vacío a la espera de nuevas fosas. Las que ya hay se asemejan a grandes areneros en los que los niños han olvidado sus regalos después de celebrar su cumpleaños. Ositos de peluche, caballitos de madera, pájaros de hierro, cometas, ángeles de porcelana, molinillos coloridos que giran con el viento, flores, velas y guijarros: piedras con una fecha de nacimiento que coincide con la fecha de fallecimiento. Cuanto más reciente es la fecha, mejor conservados están los regalos. Cuanto más antigua, peor.

En nuestro «arenero», donde todas las piedras indican 2012-2013, los molinillos parecen casi nuevos y hay muchas flores frescas y velas nuevas, pero los ositos se han hinchado con la lluvia y se han vuelto grises y los caballos se están pelando. Un cuestionable búho rosa subido a un palo vuelve la cabeza con cada ráfaga de viento, emitiendo un gemido melancólico y chirriante.

Tal vez estén allí jugando juntos.

Tal vez. Tienen tantos juguetes… Todos excepto nuestro bebé. No tiene regalo, no tiene piedra. ¿Qué pasa si no lo aceptan en sus juegos por esto?

—¿Y si no comparten los juguetes con él? —digo en voz alta.

—No creo —responde mi marido, sin que le sorprenda en absoluto lo irracional de la pregunta—. Aquí todos están para siempre en esa edad en la que todavía no existen los conceptos «mío» y «tuyo». Y todavía no hay codicia. Me parece que no son malos.

Miramos las piedras. *Kleine Kosmonaut,* 01.05.13. *Unser kleiner Engel,* 21.12.12. *Wir vermissen dich, Emily.* Pequeño astronauta. Nuestro angelito. Te echamos de menos, Emily. Te echamos de menos, Kurt. Marta. Thomas.

Algunas piedras tienen dos nombres. Si calculas la diferencia entre las fechas es como si leyeras una historia. En esta, por ejemplo, hay una diferencia de un año: uno murió, tres meses después lo intentaron nuevamente, la madre se quedó embarazada, dio a luz y el segundo también murió. En otra, dos meses de diferencia: uno murió inmediatamente, el otro sufrió un poco más. Y en esta otra piedra hay una fecha para dos. Gemelos. Nacieron y murieron juntos. Dos molinillos iguales dan vueltas a la vez movidos por el viento.

—De todas formas, tenemos que dejarle algo —digo.

Rebuscamos en nuestras mochilas. Cuando tienes niños, siempre llevas algún juguete en la mochila. El Gran Tejón encuentra un pequeño conejo de porcelana con una pata rota. Yo, una pulsera de goma trenzada por la Tejoncita. Ponemos la pulsera, el conejo y su pata rota sobre la tumba. Un avión se eleva rugiendo hacia el cielo. Nuestros regalos parecen patéticos.

—Otro día volvemos —propone Sasha—. Le traeremos algo normal. Y dejaremos una piedra.

Estoy en una juguetería muy parecida a aquella con la que a menudo soñaba. Por cierto, todas las jugueterías se parecen. Como en ese sueño, elijo juguetes, solo que ahora sé con certeza para quién. Para dos chicos, uno vivo y otro muerto. Encuentro rápidamente lo que le gusta al vivo: un búho tentetieso multicolor, cosido con trozos de tela de diferentes texturas y tonalidades y con un pequeño sonajero dentro. Con el regalo para el otro chico, de repente me bloqueo. Parece un gesto puramente simbólico, podría comprar el primer juguete que encontrara… Cojo uno, luego otro, y simplemente no consigo decidirme. Estoy esforzándome por adivinar qué le gustará más, qué será aquello que le encante. Comparo una docena de peluches, imagino que se hincharán con las lluvias de primavera y los dejo en su sitio. ¿A quién le puede gustar jugar con un perro hinchado? Miro coches, trenes, aviones: ninguno funcionaría. Finalmente, me doy cuenta de que estoy buscando en la sección equivocada. Es pequeño. Muy pequeño. Recién nacido. Voy a la sección de bebés y encuentro rápidamente lo que necesito: un móvil con una suave ovejita-sonajero y bolas y hojas de colores. Se fija al cochecito o sobre la cuna para que el niño mire y estire las manos hacia los juguetes. De abajo hacia arriba.

Es perfecto. Porque él realmente está abajo. Bajo la tierra.

Escribimos en la piedra con un rotulador resistente al agua: «Minitejón». Y debajo la fecha: 13.12.2012, el día de su nacimiento y de su muerte. Encendemos una vela en una especie de casita de metal especial. Clavamos un molinillo de color arcoíris en el suelo. Enganchamos el móvil. El viento inmediatamente hace girar las aspas multicolores, sacude la ovejita, sopla la vela: no tan fuerte como para apagarla, lo suficiente para que la llama tiemble. Rugiendo, hacia el cielo se eleva un avión que no despertará a nadie.

En la semana transcurrida, en el espacioso césped ha aparecido una nueva tumba. Todavía no la han delimitado con un bordillo de piedra y el suelo está completamente suelto. Hay flores frescas, un par de ángeles de porcelana y una pila de ropa de bebé de la talla más pequeña: bodis de colores, una mantita con ositos, un gorrito y calcetines. Habían preparado la canastilla para la maternidad y la acabaron llevando al cementerio.

En nuestro apartamento alquilado en Berlín nos recibe nuestro hijo Lyova. Enredado en sus pantalones, gatea hacia el pasillo golpeando el parqué con las palmas de las manos, se queda quieto un segundo y sonríe al vernos con la felicidad de un cachorro. Sonríe con toda la cara: con las encías cubiertas de babas, con los ojos brillantes, con las cejas de pelusa blanquecina, con la atrevida nariz de botón y esos mofletes gorditos y redondos. Le doy el búho y Lyova acepta con precaución el regalo.

Mira el juguete, fascinado, toca el pico y la espalda de terciopelo rojo, las alas de rayas de algodón, la cabeza de pana con lunares blancos, el pecho de seda con flores azules, el vientre de lino de cuadros verdes, la bufanda azul de punto. Se queda pasmado cada vez que su dedo recorre las costuras de las distintas piezas. Nos enseña dónde están los ojos del extraño pájaro. Escucha el sonido del sonajero escondido en la barriga de trapo del búho. Gorgotea, resopla y frunce el ceño, intenta poner el búho tentetieso de espaldas, comprender su maravilloso secreto, entender por qué es invencible.

En un cementerio de Berlín, un búho rosa encaramado a un palo emite un sonido chirriante y triste con cada ráfaga de viento. En un cementerio de Berlín juguetean las ardillas. En un cementerio de Berlín, todos los bebés tienen regalos y sus piedras talladas, y ahora el nuestro también. Por encima de un cementerio de Berlín pasan los aviones.

Pronto estaremos en uno de esos aviones. Cuando despeguemos, abrazaré a mi hijo y miraré hacia abajo por la ventanilla. Tengo vértigo, pero, aun así, miraré.

Estaré mirándolo.

2013-2016

Índice

∾

La sugerencia del editor

∞

Tatiana Țîbuleac

El verano en que mi madre tuvo los ojos verdes

Traducción del rumano de Marian Ochoa de Eribe

«Un extraordinario e insólito relato dedicado a la violencia del amor en familia. El amor contrariado, lleno de resentimiento, es contado con una enorme maestría por Țîbuleac.»

—Mercedes Monmany, *ABC Cultural*

www.impedimenta.es

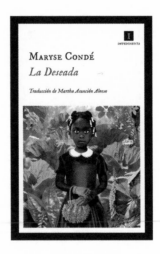

MARYSE CONDÉ

La Deseada

Traducción del francés de Martha Asunción Alonso

«Una novela a vueltas con la maternidad, los abusos,
el deseo y la ambición, una historia sobre el deseo, la
libertad y el amor que deshace numerosos tabúes.»

—Nuria Azancot, *El Cultural*

www.impedimenta.es